Aberglauben-Knigge²¹⁰⁰

Von schwarzen Katzen, der linken Hand des Teufels und den Glücksbringern

Horst Hanisch

© Vierte Auflage 2025 by Horst Hanisch, Bonn

© Dritte Auflage 2021 by Horst Hanisch, Bonn

© Zweite Auflage 2020 by Horst Hanisch, Bonn

© Erste Auflage 2016 by Horst Hanisch, Bonn

Bibliografische Information der Deutschen Nationalbibliothek: Die Deutsche Nationalbibliothek verzeichnet diese Publikation in der Deutschen Nationalbibliografie; detaillierte bibliografische Daten sind im Internet über dnb.dnb.de abrufbar.

Idee und Entwurf: Horst Hanisch, Bonn

Lektorat: Alfred Hanisch, Bonn †; Annelie Möskes, Bornheim

Buchsatz: Guido Lokietek, Aachen; Horst Hanisch, Bonn

Umschlag: Christian Spatz, engine-productions, Köln; Horst Hanisch, Bonn

Zeichnungen: Horst Hanisch, Bonn

Verlag: BoD · Books on Demand GmbH, In de Tarpen 42, 22848 Norderstedt, bod@bod.de

Druck: Libri Plureos GmbH, Friedensallee 273, 22763 Hamburg

ISBN: 978-3-7693-0441-1

Aberglauben-Knigge[2100]

Von schwarzen Katzen, der linken Hand des Teufels und den Glücksbringern

Horst Hanisch

Inhaltsverzeichnis

Inhaltsverzeichnis

Prolog

Von Schutz, Glück und Wünschen, sowie ...

„Den ersten Unterricht erhalten wir im Aberglauben."
Emanuel Wertheimer, dt. Philosoph
(1846 - 1916)

... von Geistern, Hexen und dem Teufel

„Pfui Teufel! Schnell dreimal auf Holz klopfen!"

Liebe Leserin, lieber Leser,

ist Ihnen schon einmal aufgefallen, dass wir sozusagen umzingelt sind von guten und bösen Geistern, von buckeligen Hexen und sogar vom Teufel ‚persönlich'? Täglich beeinflussen sie unser Verhalten. Tatsächlich? Ja!

Manchmal ruft einer aus:

„Du bist ja von allen guten Geistern verlassen!"

Oder:

„Dich reitet wohl der Teufel?"

In der Nacht vom 30. April auf den 1. Mai laden die verrufenen Hexen zum ausufernden Tanz auf dem Brocken ein, um die Walpurgisnacht ausgiebig zu feiern. Die Hexen kommen aus allen Landesteilen auf ihren Besen angeritten. Da geht es ‚wild zur Sache'.

Der Jahreswechsel mit viel Spektakel steht bevor. Glücklicherweise gibt es zu Silvester ein Glücksschweinchen aus Marzipan, ein vierblättriges Kleeblatt und ein kleines Glück bringende Schornsteinfeger-Figürchen.

Das alles sorgt für ein glückliches und ein erfolgreiches neues Jahr.

Sie sind auf Reisen an einem wunderschönen Ort. Werfen Sie eine Münze in einen Brunnen. Sie soll Glück bringen und den Wunsch erfüllen, an denselben Ort zurückzukehren.

Ein anderer erspäht eine Sternschnuppe und hat einen Wunsch frei. Sternschnuppen bringen Glück. Fällt eine vom Himmel, soll der Wunsch in Erfüllung gehen.

Die Engel sind fleißig bei der Hausarbeit. Sie putzen eifrig die Kerzenleuchter und ein glühender Docht fällt als Sternschnuppe auf die Erde.

Wer eine Sternschnuppe fallen sieht, sollte sich schnell etwas wünschen und den Wunsch für sich behalten, damit er in Erfüllung geht.

In diesem Buch wird in fünf Kapiteln auf Schwerpunkte rund um das Thema Aberglaube(n) eingegangen.

Dabei geht es um Mythen, Bräuche und Rituale, die im Alltag Glück oder Unglück bringen und das Verhalten vieler Menschen beeinflussen.

Natürlich darf die schwarze Katze nicht fehlen, Freitag der 13., kommen Gefahren abwehrende Amulette zur Sprache, wird von Orakeln geredet, von Hochzeitsbräuchen und von überlieferten Ritualen, wenn ein geliebter Mensch stirbt.

Lassen Sie sich entführen in die mystische Welt der magischen Umgangsformen. Und – bitte nicht alles zu ernst nehmen.

Auch wenn Sie sich selbst nicht als abergläubisch betrachten, kann es bei Ihrem Gegenüber der Fall sein. Da Sie niemanden in eine peinliche Aberglauben-Falle laufen lassen wollen, gehen Sie einfühlsam vor.

Gehören Sie zu den abergläubischen Menschen, werden die folgenden Themen Ihr Wissen ergänzen können, neue Varianten eröffnen oder Erklärungen zu dem einen oder anderen Verhaltensmuster offenbaren.

Viel Vergnügen dabei.

In unseren Ratgebern rund um das Thema ‚Lebenseinstellung‘ (siehe auch Lügen und Egoismus-Knigge [2100], Angst und Optimierungs-Knigge [2100], Glücks-Knigge [2100]) wird betrachtet, wie ein Mensch im Leben von außen beeinflusst wird und wie er sein eigenes Leben im Idealfall optimieren kann.

Andererseits beeinflusst der Mensch auch sein soziales Umfeld durch sein eigenes Verhalten, hier durch seinen möglichen Aberglauben.

Also denn, viel Schutz vor Bösem, Glück und Gesundheit, und das Erfüllen von Wünschen.

Viel Spaß beim Lesen der Hinweise und Tipps. Vergessen Sie dabei nicht, egal wie abergläubisch Sie sind, dass sich keinerlei rechtliche Verpflichtungen aus dem Inhalt des Buches ergeben können.

Nun denn: „Alles Gute und toi, toi, toi.“

Horst Hanisch

Hinleitung zum Thema

Der un-aufgeklärte Mensch

> *„Wir müssen erkennen, dass es Aberglaube ist, wenn wir annehmen,*
> *Gott würde handeln, wenn wir müßig bleiben."*
> **Martin Luther King, US-amer. Bürgerrechtler**
> **(1929 - 1968)**

Glaube und Aberglaube

Amres sitzt zusammen mit seiner lieben Frau, seinen neun Kindern, der alten Mutter sowie einigen Familienmitgliedern eng und schützend aneinandergedrängt.

Seit Stunden regnet es sintflutartig, es blitzt heftig und donnert gewaltig. Einige der kleineren Kinder weinen leise vor sich hin, seine Frau zittert heftig am ganzen Leibe. Bei ganz lautem Donner schreien einige der Gruppe angstvoll auf.

Woher kommt nur der Blitz und der so Angst einflößende Donnerschlag? Wer ist böse auf Amres und seine Familie? Es musste irgendjemanden geben, der ungehalten war, der unglaublich verärgert mit Amres und mit seiner Familie war. Was hatten sie nur getan?

In Gedanken geht Amres die letzten Tage durch. Ihm fällt nichts ein. Oder hatte er vielleicht zu viele Fische gefangen? War er vorgestern zu spät zur Jagd aufgestanden?

Amres nimmt sich vor – sollte das Gewitter jemals aufhören – demjenigen, der so ungehalten reagiert, einen besonders großen Fisch gut zuzubereiten und diesen dann zum Dank in das nahe vorbeifließende Gewässer zu werfen.

Er will nicht, dass jemand, wer auch immer, über ihn, seine Familie und seine Gruppe unglaublich erzürnt ist.

Glaube

Der Glaube war geboren. Der Glaube an eine höhere und kräftige Macht.

Der Glaube half Amres und seinen Nachkommen, Unerklärbares zu verstehen und damit beruhigt weiterleben zu können.

Es war ja ‚logisch', dass irgendjemand hinter den extremen Wetterausbrüchen stehen musste. Dieser Jemand musste unglaublich stark sein, konnte er doch deutlich die menschlichen Fähigkeiten übertrumpfen.

Es musste also eine höhere Macht geben. Diese Macht war über-menschlich.

Der Glaube half und hilft über Jahrtausende hinweg bis heute, vieles im Leben zu akzeptieren, was mit der eigenen mentalen Intelligenz nicht erklärbar war oder ist.

So entwickelten sich Glaubensrichtungen in allen Kulturen, die mehr oder minder für die jeweilige Gesellschaft gültig waren und sind. Die Religion und damit gleichzeitig die Religionsvertreter gewannen eine relativ große Macht und einen beachtlichen Einfluss auf die Gesellschaft.

Somit konnte alles nicht Erklärbare mit dem Leben in Einklang gebracht werden. Die Menschen lernten, was als ‚richtig' oder ‚falsch' angesehen wurde.

Nach dem Richtigen wurde gelebt. Falsches wurde geahndet.

Aberglaube

Nun gab es allerdings auch Personen, die von den allgemeinen Glaubenslehren abwichen, weg von dem, was die Allgemeinheit als richtig betrachtete, und an die Wirkung magischer, übernatürlicher Kräfte in Menschen oder Dingen glaubten.

Gewissermaßen praktizierten Menschen schließlich einen gegensätzlichen Glauben.

Spätestens von jetzt an lässt sich von Aberglaube (auch Aberglauben) sprechen.

Seit dem zwölften Jahrhundert gibt es in der spätmittelhochdeutschen Sprache den Begriff ‚abergloube‘. Dabei steht ‚aber‘ für ‚wider‘ und bezeichnet alles, was dem christlichen Glauben widerspricht.

Im Sprachgebrauch gibt es zum Beispiel das Wort Aberwitz. Aberwitz bedeutet Wahnwitz oder Unsinnigkeit. „Das ist ja aberwitzig!"

In anderen Quellen wird das Wort ‚Afterglaube‘ erwähnt. Das steht für Missglaube und ist aus religiöser Sicht ein falscher Glaube, der von der geltenden Glaubenslehre abweicht. Solch ein Verhalten wurde als Aberglaube, also als Irrglaube, teilweise auch Gespensterglaube, bezeichnet und schnell als heidnisch betrachtet.

Weiße und schwarze Magie

Die weiße, erlaubte Magie (magia naturalis) kann Hinweise aus der Natur deuten, die für die Zukunft aussagekräftig sind. Dagegen steht die schwarze, verbotene Magie (magia infamis), zu der die dämonische Magie (magia daemonica) zählt.

In den Augen des Klerus galt dieser Weg des Aberglaubens als ketzerisch. Die Menschen mussten auf ‚den richtigen Weg‘ zurückgeführt werden. Schon entstand die intensive Jagd auf die Abergläubischen, die schnell als Zauberer und Hexen bezeichnet wurden. Die Hetze brach im 15. Jahrhundert voll aus.

Hatte eine Frau rote Haare, was in hiesigen geographischen Kreisen eher selten vorkam, war sie per se eine Außenseiterin und mit höchster Skepsis zu betrachten. Wie schnell gelang es scheinbar Gläubigen, solch einer Rothaarigen ketzerisches Tun nachzusagen. Stand die Behauptung erst einmal im Raum, nahm das Unglück für die Betroffene seinen Lauf.

Es wird geschätzt, dass die Jagd auf Hexen, die Hexenverfolgung, die Hexenjagd in Europa 40.000 bis 60.000 Todesopfer forderte.

40.000 bis 60.000 überwiegend unschuldige Menschen mussten – oft nach qualvoller Folter – ihr Leben lassen, beispielsweise, indem sie bei lebendigem Leib auf dem Scheiterhaufen verbrannt wurden.

Rund um den Begriff Aberglaube sind auch Begriffe wie Götzendienst, Irrglaube, Häresie, Abgötterei, Idolatrie (bildliche Darstellung von Göttern mit übertriebener Ehrerbietung), Vergottung und Superstition zu finden.

Superstition, aus dem lateinischen ‚superstitio' für Überglauben bezeichnet den von der offiziellen theologischen Lehre abweichenden (Irr-)Glauben.

Aus dem lateinischen Wort ‚superstes', was so viel wie ‚überlegen' bedeutet, wurde der sogenannte Überglaube, der fehlerhafte religiöse Kult.

> Übrigens: Fairerweise soll auch erwähnt werden, dass es auch Hexer oder Hexenmeister gab.

Weshalb Aberglaube praktizieren?

Weshalb wurde denn überhaupt Aberglaube praktiziert? Das gesellschaftliche System wurde doch durch die politischen und religiösen Verantwortlichen geregelt.

Durch abergläubisches Handeln konnte (vermeintlich) darüberhinausgehenden, drohenden Gefahren aus dem Wege gegangen werden. So war es möglich, natürlich im Sinne des Aberglaubens, Unglück abzuwenden oder Glück herbeizuführen.

Es baute sich eine Welt von Göttern, Engeln, guten und bösen Geistern auf, vom Klabautermann, vom Wahrsager und Menschen mit dem Bösen Blick, von Dämonen und schließlich gar von Luzifer, dem Teufel.

Extremere Ausprägungen zeigten sich im Exorzismus, Okkultismus und Spiritualismus.

Es ließe sich sagen, dass eine Parallelwelt entstand, die bis zum heutigen Tage Einfluss auf das soziale Miteinander nimmt.

> Übrigens: Wer's glaubt, wird selig.

Zauberei – Magie

Zauberei, Magie, auch Zauberkunst genannt, begeistert die meisten Menschen mit ‚bezaubernden' Zaubertricks.

In Shows, Varietéveranstaltungen oder zur allgemeinen Belustigung werden erstaunliche Zaubertricks vorgeführt. Natürlich weiß wohl jeder, dass es sich um Tricks handelt. Manchmal sind sie so professionell präsentiert, dass die Zuschauer verblüfft und begeistert sind und keine Erklärung für den Trick finden können.

Zauber, der im Sinne des Aberglaubens eingesetzt wird, benötigt übernatürliche Kräfte. Es handelt sich hierbei also nicht um erlernte Tricks, sondern um besondere, magische Kräfte, die nur wenigen Personen zuteilwird.

Im Wort ‚Zauber', belegt seit dem 8. Jahrhundert als ‚zouber' (mittelhochdeutsch), versteckt sich etwas Mystisches, eine besondere Aura.

„Das Kleidungsstück ist zauberhaft."

„Bei ihrem Anblick war er regelrecht verzaubert."

„Dieser Oldtimer hat seinen Zauber nicht verloren."

Zauberspruch – Abrakadabra

Magische Zutaten (wie Kräuter, Wurzeln, Haare …) erhalten ihre Wirkung oft erst durch einen geheimen Zauberspruch.

Zauberformeln beziehungsweise Zaubersprüche sollen das Böse unter Kontrolle halten oder eine magische Wirkung erzielen.

Nur Eingeweihte kennen die wirkungsvollen Zaubersprüche, die über Generationen an die nachfolgenden Personen mit magischen Kräften weitergegeben werden.

Manche uralten Formeln finden sich in ebenso alten, schweren, in Leder gebundenen, wertvollen Büchern, die dem Blick der Öffentlichkeit vorenthalten sind.

Richtig eingesetzt, mit den entsprechenden Zutaten, zur passenden Zeit verwendet, können diese Sprüche Unheimliches bewirken.

Einige Zaubersprüche sind trotz strikter Geheimhaltung an die Bevölkerung gelangt:

- Abrakadabra
- Ene, mene, …
- Simsalabim
- Hokuspokus Fidibus, drei Mal schwarzer Kater!
- Lirum – larum – Löffelstiel, Zaubern ist ja nur ein Spiel! (‚Lirum – larum – Löffelstiel‘ aus ‚Des Knaben Wunderhorn‘ von den deutschen Schriftstellern Clemens Wenzeslaus Brentano de La Roche (1778 – 1842) und Carl Joachim Friedrich Ludwig ‚Achim‘ von Arnim (1781 – 1831).
- 6, 6, 6, es schreit die Katze, schon ist sie fort, des Mannes Glatze.

Gottesurteile

Durchs Feuer gehen

Durch gegenläufige Betrachtungen und Bewertungen ergaben sich Situationen, die ‚dummerweise' nicht mehr eindeutig als richtig oder falsch einzuordnen waren.

Waren sich die Menschen nicht mehr sicher, ob jemand böse gehandelt hat, konnte ein sogenanntes Gottesurteil gefällt werden. Das war die allerletzte Möglichkeit, konnte kein eindeutiges und ‚gerechtes' Urteil gefällt werden.

Das öffnete der Obrigkeit einen fantastischen Weg, die Verantwortung an ein ‚höheres Wesen' abzugeben. Es war nicht mehr der Mensch, der entschied, sondern die unfehlbare Gottheit.

Beispielsweise gab es die Feuerprobe und die Wasserprobe, die ein eindeutiges und nachprüfbares Urteil zuließen.

Feuerprobe

Bei der Feuerprobe musste der Angeklagte ein glühendes Stück Eisen mit bloßen Händen mehrere Schritte von A nach B tragen.

Verheilten die dabei entstandenen Brandwunden, war er unschuldig. Entzündeten sie sich, war er schuldig.

Wasserprobe

Die Wasserprobe konnte mit siedendem oder in kaltem Wasser durchgeführt werden.

Im ersten Fall, auch Kesselprobe genannt, wurde in einen Kessel mit heißem Wasser ein Stein oder ein Ring gelegt, den der Angeklagte mit nacktem Arm herausholen musste.

Erwartungsgemäß – und gewünscht – verbrannte sich der Kandidat die Haut. Wie bei der Feuerprobe wurde genau geschaut, wie die Wunde anschließend verheilte.

Kesselfang

Beim Kesselfang wurde dem Beschuldigten ein Kessel mit siedendem Wasser zugeworfen. Der Beschuldigte musste den glühend heißen Kessel auffangen.

Die Verletzungen wurden später wie oben begutachtet.

Hexenbad – Kaltwasserprobe

Bei der Kaltwasserprobe, auch Hexenbad genannt, wurde der Angeklagte an Händen und Füßen gefesselt ins kalte Wasser geworfen. Blieb er an der Wasseroberfläche war er schuldig, weil ihn das reine Wasser, das als Teil der Schöpfung Gottes galt, nicht aufnehmen wollte.

Ging er unter, galt er allerdings auch nicht als unschuldig. Da der Angeklagte der Hexerei beschuldigt wurde, sollte es ihm locker möglich sein, unterzugehen und Unschuld vorzutäuschen. Er war dem Urteil nicht unbedingt entkommen.

Auf welche ‚genialen' Einfälle die Entscheider kamen, die das ‚Gute' im Menschen suchten.

Hexenwaage

Nach Meinung vieler Menschen im Mittelalter konnten Hexen fliegen. Um fliegen zu können mussten sie ‚logischerweise' leichter sein als der Durchschnittsmensch.

Wurde eine Frau als Hexe beschuldigt, wurde sie auf einer Waage gewogen. In eine Waagschale wurde ein vom Gericht festgelegtes Gewicht gelegt.

Wog die Angeklagte weniger, wurde sie der Hexerei beschuldigt, da sie offensichtlich fliegen konnte.

War sie schwerer als das Gewicht, wurde ihr vorgeworfen, dass sie die Waage verhext habe (hier wurde ihr Hexerei vorgeworfen).

Egal wie die Wiegeprobe ausging, die Verurteilte war immer die Dumme. Wirklich raffiniert, diese Hexenprobe.

Nadelprobe – Hexenmal

Besonders gern geht der Teufel mit der Hexe einen Pakt ein. Der Hexe wird ein Zeichen, ein ‚Mal' auf die Haut gegeben, das als Muttermal er-kennbar ist.

Bevorzugt waren vernünftigerweise ‚versteckte' Stellen, damit das Mal nicht sofort jedem auffiel.

Die Obrigkeit wollte sicher sein, ob es sich um ein Hexenmal handelte, weshalb eine Nadelprobe (Stigmaprobe) durchgeführt wurde.

Es wurde angenommen, dass ein Mal des Teufels schmerzunempfindlich sei und beim Einstechen der Nadel kein Blut hervorträte. Die Nadelprobe wurde vom Henker durchgeführt.

Ist es nicht unglaublich, auf welche menschenunwürdige Behandlung der Angeklagten die Verantwortlichen kamen?

Henker – Scharfrichter

In vielen Gegenden galt der Henker, der Scharfrichter, als nicht gesellschaftsfähig, weshalb er oft am Stadtrand wohnte.

Obwohl seine Fähigkeiten in damaliger Zeit absolut wichtig erschienen, galt seine Arbeit als unehrbar. Kaum jemand wollte diesen Beruf ausführen.

Wie genial, dass im Mittelalter dieser Beruf vererbt wurde. Der Sohn konnte nicht ablehnen und musste nach dem Ausscheiden seines Vaters in dessen blutiges Handwerk einsteigen.

> Übrigens: Einem Henker wird nicht die Hand gereicht, am besten auch nicht in die Augen geschaut.
> Gut, dass er meistens eine Kapuze zu seiner Kleidung trug.

Henkersmahlzeit

Der zum Tode Verurteilte erhält am Tag vor der Hinrichtung Essen und Trinken nach seinem Wunsch. Dem Delinquenten wird alles so angenehm wie möglich hergerichtet.

Tja, es geht manchmal sogar weiter, wird ihm auf Wunsch noch einmal eine Frau zugeführt.

Der Verurteilte verliert bei der Hinrichtung sein Leben, die Seele allerdings lebt weiter. Wurde der Delinquent am letzten Tag seines Lebens schlecht behandelt, musste befürchtet werden, dass er später fürchterliche Rache nehmen würde.

Das wollte verständlicherweise niemand, der mit der Verurteilung oder dem Verurteilten zu tun hatte – deshalb die ‚gute Stimmung erzeugende‘ Henkersmahlzeit.

Kausale Zusammenhänge

Wer mit offenen Augen durchs Leben geht, wird Zusammenhänge zwischen Ursache und Wirkung erkennen.

Er sieht:

„Wenn ..., dann ...".

„Wenn ich die Saat rechtzeitig aussähe, dann werde ich später eine reiche Ernte einbringen können."

Aufgrund dieser Kausalität konnte sich das Leben entwickeln. Erst eine Ursache, dann eine Wirkung.

Dummerweise werden manchmal kausale Zusammenhänge hergestellt, wo es gar keine gibt. Trägt der Sportler rote Socken und fährt einen Gewinn ein, stellt er möglicherweise einen nichtzutreffenden Zusammenhang her.

Er sieht als Ursache für seinen Erfolg das Tragen der roten Socken. Es kann sein, dass er in Zukunft immer wieder bei sportlichen Wettkämpfen ebendiese roten Socken trägt.

Einem nüchtern denkenden Menschen wird klar sein, dass die roten Socken nicht die Ursache für den Gewinn sein können. Hier kommt eine Art sich selbst erfüllender Prophezeiung ins Spiel. Darauf wird später in diesem Buch eingegangen.

Obwohl den meisten Menschen klar ist, dass es hier keinen Zusammenhang gibt, findet sich dieses Verhalten häufig in seinem täglichen Leben.

Hier wird ein Maskottchen mit zur Prüfung genommen, dort eine Kastanie in die Manteltasche gesteckt, um nicht an Rheuma zu erkranken.

Na gut.

„Es schadet ja nichts."

Aberglaube-Verhaltensmuster in der heutigen Zeit

Selbst für den relativ aufgeklärten Zeitgenossen, der rational denkend sein Leben genießt, gibt es eine überraschend große Zahl an Aberglaube–Verhaltensmustern.

Die meisten Befragten werden antworten, dass sie selbstverständlich nicht abergläubisch sind, aber:

„Sicher ist sicher – toi, toi, toi – ‚man' kann ja nie wissen."

Im Leben gibt es viele Situationen, in denen der Aberglaube nach wie vor eine Rolle spielt.

Um niemanden zu kompromittieren wird alles Mögliche vermieden, was – im Sinne des Aberglaubens – ein Risiko bedeuten könnte.

Beispielsweise Hände nicht über Kreuz reichen – keine 13 Personen an derselben Tafel platzieren – Salzstreuer nicht umwerfen – nichts Böses beschwören – beim Tod eines Menschen die Spiegel im Haus verhängen – vierblättriges Kleeblatt zu Silvester verschenken – Hals- und Beinbruch wünschen und unendlich vieles mehr.

Aberglaube-Regeln

Aber weshalb denn alle diese Aberglaube-Regeln? Irgendetwas muss doch sein – oder gewesen sein – was diese Rituale entstehen ließ? Löste ein Einzelner oder eine gesellschaftliche Gruppe diese Verhaltensmuster aus?

Weshalb soll nicht unter einer an einer Hausfassade angelehnten Leiter durchgegangen werden?

Nun, ganz einfach: Oben auf der Leiter könnte ein Anstreicher stehen, dem just dann der Farbeimer herunterfällt, wenn einer unter der Leiter herläuft. Also: Sicher ist sicher.

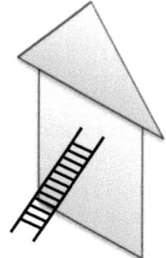

Es gibt noch eine weitere Erklärung.

Von der Seite betrachtet bildet die angelegte Leiter mit der Hauswand und dem Boden ein Dreieck. Dieses Dreieck hat eine religiöse Bedeutung.

Im Christentum symbolisiert es die Heilige Dreifaltigkeit (auch Dreieinigkeit oder Trinität). Diese soll nicht gestört werden, weshalb nicht unter der angelehnten Leiter durchgegangen werden soll.

Und weshalb sollen bei der Begrüßung die Hände nicht über Kreuz gereicht werden, wenn sich vier Personen untereinander begrüßen? Nun, weil – bildlich betrachtet – ein Kreuz entsteht.

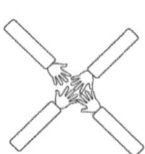 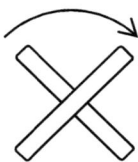 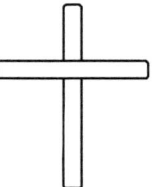

Dann, so der Aberglaube, muss jemand am Kreuz sein Leben aushauchen. Auch wenn die Wahrscheinlichkeit, dass so etwas heute passieren würde, und vor allem gerade und genau im Moment des Händeschüttelns, außerordentlich gering ist, „muss ‚man' es ja nicht drauf anlegen."

Also: Hände zurück. Immer zwei der vier Beteiligten tauschen den Gruß aus! Dann entsteht kein kritisches Kreuz.

Bei der Recherche zu diesem Thema fiel auf, dass es unglaublich viele Lebensbereiche gibt, in denen der Aberglaube greift und das tägliche Leben beeinflusst.

Sie mögen sagen:

„Interessiert mich alles nicht, denn ich bin nicht abergläubisch."

In Ordnung. Dann sind Sie fein heraus. Vielleicht ist es so, wie Martin Luther King (1929 – 1968) an anderer Stelle sagte:

„Leichtgläubige Menschen verfallen leicht dem Aberglauben."

Möglicherweise treffen Sie auf einen Menschen, der abergläubisch ist. Wollen Sie jenen in eine (für ihn) unangenehme Situation bringen? Hoffentlich nicht.

Die Konsequenz daraus lautet, Verhaltensmuster zu vermeiden, die für einen Dritten unangenehm sind. Damit zeigen Sie Ihrem Gegenüber Einfühlungsvermögen, bieten Sicherheit und, so ganz nebenbei, höfliche Umgangsformen untereinander.

Unter Berücksichtigung dieser Vorüberlegungen sollen die Betrachtungen auf den nächsten Seiten gesehen werden.

Das ist gar nicht so einfach, gibt es teilweise regional unterschiedliche Rituale. Noch komplizierter kann es werden, kommen interkulturelle Aspekte ins Spiel.

Deshalb und für alle Fälle: Um Zauber abzuwehren, dreimal (trocken) auf den Boden spucken.

Teil 1 – Die linke Hand des Teufels

Die teuflische linke Hand des Teufels ...

... und die unglückbringende schwarze Katze

„Ein jeder Aberglaube versetzt uns in das Heidentum."
Justus von Liebig, dt. Chemiker
(1803 - 1873)

Das Kreuz mit der linken Hand

Die linke Hand gilt seit Ewigkeiten als unreine Hand. So dachten und denken viele Menschen auf der Erde. Ältere Leserinnen und Leser können sich bestimmt an Aussagen erinnern wie:

„Die linke Hand ist die Hand des Teufels."

Mit Schrecken werden sich auch einige daran erinnern, wie Linkshänder unter heute sehr fragwürdig anzusehenden Methoden mit Zwang auf Rechtshändigkeit umtrainiert wurden. In einigen Fällen ist das gelungen; in anderen Fällen leiden heute noch die damals Malträtierten.

In vielen Verhaltensmustern der modernen Zeit ist nach wie vor erkennbar, dass die rechte Hand die ist, mit der agiert werden soll.

Die Grußhand ist die rechte Hand

So wird zum Beispiel der Handschlag mit der rechten Hand ausgeführt. Sollte jemand an der rechten Hand verletzt sein und die linke einsetzen müssen, kommt oft ein Spruch der Entschuldigung wie:

„Kommt von Herzen".

Dieser Spruch soll die Regel, die rechte Hand als Grußhand einzusetzen, ersetzen. Denn die linke Hand zum Gruß reichen soll Unglück bringen. Ist denn solch ein Entschuldigungsspruch überhaupt nötig in der heutigen Zeit? Ja, offensichtlich.

Denn, wie oben beschrieben, könnte sich der Begrüßte in eine unangenehme Situation gebracht sehen, würde ihm die linke Hand entgegenge-
streckt. Wie sollte er sich dann verhalten?

Hände über Kreuz

Diese Situation kennen die meisten. Zwei Paare stehen einander gegenüber und wollen sich die Hände reichen. Einer streckt eine Hand aus, ein
anderer gleichzeitig auch – aber, oh Schreck – beide Hände beziehungsweise beide Arme würden sich kreuzen! Sofort zuckt jeder mit einem
verlegenen Lächeln zurück.

Es wird gemunkelt, dass beim Überkreuzen der Arme ein Mensch sterben
müsse (siehe Text weiter vorn). Der Aberglaube soll auf die Kreuzigung
von Jesus zurückzuführen sein.

Wie dem auch sei: Richtig ist bei gegenüberstehenden Paaren, dass sich
erst die beiden Damen, dann die sich gegenüber Stehenden und schließlich die beiden Herren die Hand reichen.

Zwei Paare (Damen in Grau) stehen sich gegenüber. Dabei stehen die
Paare in Blickrichtung immer so, dass der Herr links neben der Dame
steht. Sie verfahren wie folgt:

1. Schritt	2. Schritt	3. Schritt
Diagonal. Zuerst rei- chen sich die beiden Damen die Hand.	Parallel. Die gegen- über Stehenden rei- chen sich die Hand.	Diagonal. Und schließlich geben sich die beiden Herren die Hand.

Die Nase nach links

Bei einer Abstimmung im britischen Parlament sagt der Speaker:

„The nose to the left" („die Nase nach links"), was für ‚Nein' steht.

Stimmt jemand für ‚Ja', wird das Ergebnis unter „The eyes to the right" („die Augen nach rechts") bekanntgegeben.

Dabei geht ‚eyes' auf ein Wortspiel mit ‚ayes' ein. Denn ‚ayes' ist die Mehrzahlform von ‚Ja-Stimme'. „Ay, ay, Captain!"

Frau zur Linken – Trauung zur linken Hand

Im Mittelalter wurde von der ‚Frau zur Linken' gesprochen, wenn ein Mann (oft, nachdem die eigene Ehefrau verstorben war) Zuneigung zu einer Frau, die aus niedrigerer gesellschaftlicher Schicht als der eigenen stammte, zeigte.

Es erfolgte dann eine ‚Trauung zur linken Hand'. Damit konnte eine in der Gesellschaft als fragwürdig angesehene Liebesbeziehung gesetzlich geltend gemacht werden.

Das unschöne linke Händchen

Die rechte Hand ist die Grußhand! Die linke Hand ist die böse Hand. Sie ist die Hand des Teufels und steht für den Verrat.

Ausflug zu muslimischen Gästen und Gastgebern

In muslimischen Ländern darf in den meisten Fällen die linke Hand im zwischenmenschlichen Kontakt überhaupt nicht eingesetzt werden. Das hat selbstverständlich auch seine Gründe.

Die linke Hand gilt als unreine Hand. Überreichen Sie in islamischen Ländern nichts mit der linken Hand.

Nehmen Sie auch nichts mit der linken Hand entgegen. Auf keinen Fall Speisen mit der linken Hand zum Mund führen! Essen direkt mit Hilfe der Finger ist nicht ungewöhnlich.

Aber weshalb nicht die Speise mit der linken Hand zum Mund führen? Versetzen Sie sich in die Zeit zurück, als sich Karawanenreisende abends im Zelt zu einer Einladung trafen.

Die Menschen saßen auf dem mit kostbaren Teppichen ausgelegten Boden. Aromatisch duftende und verlockende Speisen wurden auf großen runden Platten in die Mitte der Sitzenden gestellt. Von den Platten bedienten sich alle mit bloßen Händen.

Irgendwann musste einer austreten. Mobile Toilettenhäuschen gehörten nicht zur Ausstattung, wie allgemein bekannt.

So wurde sich ganz einfach hinter die nächste Düne gehockt. Die Gefahr, dass jemand vorbeikam, war so gut wie nicht vorhanden.

Nun gab es aber auch kein Toilettenpapier. Das schien kein Problem zu sein, denn reinigenden Sand gab es zur Genüge.

Und dieser Sand wurde mit der linken Hand gegriffen. Verständlich, dass die linke Hand nicht mehr mit Speisen von der gemeinsamen Platte in Berührung kommen sollte.

Zurück im Zelt, wieder auf dem Teppich am Boden sitzend, rund um die große Platte mit herrlich duftenden Speisen, ging die Unterhaltung weiter.

Aber wehe, jetzt würde mit der linken Hand ins Essen gegriffen, um sich dort handliche Kugeln zu formen, die zum Mund geführt werden. Nun hätte unser Gast eine schockierende Situation erzeugt. Alle anderen würden sich sofort zurücklehnen und keinen Bissen mehr von der Speisenplatte zu sich nehmen.

Noch heute, auch in den pickfeinsten Restaurants, ist es verpönt, mit der linken Hand Speisen zu sich zu nehmen oder gar einem anderen zu reichen. Behelfen Sie sich immer mit der rechten Hand.

Ähnliche Verhaltensmuster sind übrigens auch in vielen weiteren asiatischen Ländern zu finden.

Was ist mit dem linken Fuß?

Das scheint weniger gefährlich zu sein als alle Regeln, die sich um die linke Hand drehen.

Allerdings: Wer morgens zuerst mit dem linken Fuß aus dem Bett aufsteht, dem droht ein hässlicher Tag, an dem alles schieflaufen wird.

Sie kennen bestimmt den Spruch:

„Du bist wohl mit dem linken Fuß aufgestanden?"

Offensichtlich scheint es so zu sein, dass die Laune des Betreffenden nicht so optimal ist, was wohl mit den schicksalshaften Ärgerlichkeiten des Tages zu tun haben mag.

Also zuerst mit dem rechten Fuß aufstehen.

Es gibt einige Menschen, die in ein Gebäude oder einen Raum zuerst mit dem rechten Fuß hineingehen.

Bei einigen Fußballprofis ist sogar zu beobachten, dass sie höllisch aufpassen, das Spielfeld immer zuerst mit dem rechten Fuß zu betreten, um kein schlechtes Omen hervorzurufen.

Beine übereinanderschlagen

Das Übereinanderschlagen der Beine bei Verhandlungen machen diese unwirksam. Es wird nicht zu einem erfolgreichen Verkaufsgespräch kommen.

In Ländern mit muslimischem Glauben ist diese Sitzhaltung eine grobe Beleidigung, weil die Schuhsohle sichtbar ist. Die Schuhsohle berührte zuvor den am Boden liegenden Schmutz.

Wird die Schuhsohle dem anderen gezeigt, dann empfindet dieser, dass er auf gleicher Ebene ist wie der Schmutz.

Er sieht die Schuhsohle von unten. Das gilt als beleidigend, sogar als schwer beleidigend.

Also: Beine parallel halten und die Fußsohle nach unten stellen.

Übrigens: Betreten Sie eine Moschee, gehen Sie mit dem rechten Fuß voran. Beim Rausgehen wird zuerst der linke Fuß gesetzt.
Betreten Sie in muslimischen Ländern das WC zuerst mit dem linken Fuß und verlassen es mit dem rechten Fuß.

Die schöne rechte Hand

Es gibt natürlich noch ganz andere Gründe, weshalb die rechte Hand die ,richtige' ist. Offensichtlich mussten sich in früheren Zeiten Menschen immer davor fürchten, dass ein Entgegenkommender Böses im Schilde führte.

Da die meisten Menschen Rechtshänder sind, führten sie – bei einer Attacke – ihre Waffen, seien es Messer, Schwert, Pistole und andere mit ihrer rechten Hand.

Was lag näher, als die leere rechte Hand, die als Grußhand keine Waffe trug, dem anderen zum Zeichen der Friedfertigkeit entgegenzustrecken?

So konnte das Gegenüber sofort erkennen, dass keine Gefahr drohte. Der Gruß mit der rechten Hand konnte demnach beide in einer gewissen Sicherheit wiegen.

Nie ohne Hut

Vor nur wenigen Jahrzehnten war es im gesellschaftlichen Leben üblich, da verließen Männer das Haus nicht ohne Kopfbedeckung. Nun konnte ja einer ganz geschickt sein und seine Waffe nicht offen in der rechten Hand tragen.

Mögliche Alternative: Versteckt unter der Kopfbedeckung. Begegnete nun ein Herr einer anderen Person, deutete er eine leichte Verbeugung an und lüftete, mit Hilfe seiner rechten Hand, seinen Hut.

Keine Waffen versteckt? Jeder konnte seinen Weg unbehelligt und friedlich fortsetzen.

Anstelle eines Huts ist heutzutage bei vielen eine Mütze, eine Kappe oder eine andere Kopfbedeckung angesagt.

Das Lüften dieses Kleidungsstücks ist nicht mehr üblich.

Auch nehmen einige in geschlossenen Räumen ihre Kopfbedeckung nicht mehr ab.

Entspricht das höflichen Umgangsformen?

Treppenhaus

In vielen alten Gebäuden, in Burgen und Schlössern führen die Stufen im Treppenhaus im Uhrzeigersinn nach oben.

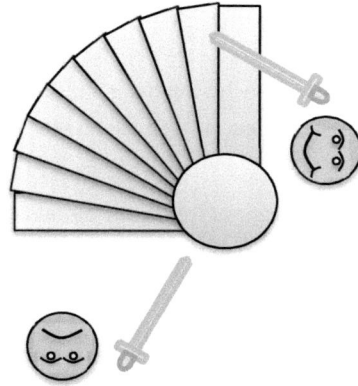

Im Falle des Angriffs konnte der Hausherr als Verteidiger seines Wohnsitzes, nach oben flüchtend, gut mit der rechten Hand das Schwert führen.

Er hatte damit genügend Platz im Treppenhaus. Der Angreifer war im Nachteil.

Wer geht wo?

„Das ist doch egal" könnten fortschrittliche Menschen denken.

Tatsächlich kommt auch wieder die Waffe von früher ins Gespräch. International gilt, dass der Herr (Gastgeber) links neben der Dame (Gast) geht.

Der Mensch von früher trug gegebenenfalls einen Säbel mit sich. Diesen Säbel schützte er in einer Säbelscheide, die an seiner linken Körperhälfte angebracht war. Im Falle der Verteidigung – oder des Angriffs – konnte er problemlos mit seiner rechten Greifhand den Säbel greifen.

Ginge nun beim Nebeneinandergehen jemand links von ihm, würde der dort befestigte Säbel stören. Also geht der Gast an der anderen Seite.

Obwohl es heute im üblichen gesellschaftlichen Leben nicht mehr üblich ist, mit einem Säbel aufzutreten, hat sich diese Art des Nebeneinandergehens beziehungsweise -stehens erhalten.

Das gilt auch, sobald zwei Damen oder zwei Herren nebeneinander gehen. Die als ranghöher zu bezeichnende Person geht beziehungsweise steht an der rechten Seite.

Auf der folgenden Zeichnung stehen Herr und Dame (Gastgeber und Gast so nebeneinander, wenn sie zum Betrachter schauen: Der Gastgeber steht links neben dem Gast (aus Sicht des Betrachters rechts).

Somit wissen Sie als gegenüberstehende Person, wer der Gast ist. Der Gast ist ranghöher und wird deshalb zuerst begrüßt. Alle genannten Regeln gelten dann unabhängig vom Geschlecht.

Rechts ist richtig

In der deutschen Sprache gibt es viele Wortkombinationen, die auf das Wort ‚rechts' hinweisen. Oft haben sie eine positive Bedeutung und kommen häufiger vor als Wortkombinationen mit ‚links'.

- Recht sprechen
- für Recht und Ordnung sorgen
- wenn ich es mir recht überlege
- du hast recht
- recht so! (Im Sinne von: richtig so!)
- er kann ihm nichts recht machen
- der rechte Winkel
- ich komme gut zurecht

- er handelte nach Recht und Gewissen
- du bist mir der Rechte
- rechtzeitig
- ich bin mit dir an den Rechten gekommen
- ich sehe nach dem Rechten
- er darf sich rechtfertigen
- er ist rechtgläubig
- er ist rechtschaffen
- Rechtsstaat

Und wie sieht das traurige links aus?

- linkisch sein
- jemanden linken

„Jemanden links liegen lassen" bedeutet, dass dieser Mensch nicht mehr beachtet wird. Und wer betrügt, ist ein „linker Hund".

Graduation

Der Student/die Studentin trägt am Tag des Studienabschlusses die Quaste am akademischen Hut so, dass sie an seiner rechten Kopfseite nach unten hängt. Nach dem Überreichen der Urkunde legt der Absolvent die Quaste von rechts nach links.

Das Neuausrichten der Quaste symbolisiert den Übergang vom Studierenden zum Absolventen.

„Wenn man vom Teufel spricht ...“

„Wenn man vom Teufel spricht – kommt er.“

Ebenso ungeschickt:

„Du sollst den Teufel nicht an die Wand malen.“ Dann kommt er nämlich auch.

Sie kennen bestimmt den Spruch „es ist der Teufel los“ oder gar „jemanden reitet der Teufel“.

Das ist natürlich höchst gefährlich, denn der Teufel will den Berittenen beeinflussen. Passen Sie auf, dass Sie nicht „ganz schnell in Teufels Küche kommen.“

Wenn es auch nicht unbedingt die Küche des Teufels sein muss, so zumindest eine Hexenküche. Bekanntlich treffen sich Hexen dort mit dem Teufel.

Bei dieser Gelegenheit einen Hinweis zum Gähnen. Wenn Sie ausgiebig Luft holen und herzergreifend mit weit geöffnetem Mund gähnen müssen, kann der Teufel in Form einer Fliege in den Hals fliegen. Unangenehm.

Deshalb die Hand vor den Mund halten.

„Ich werde den Teufel tun!"

„Zum Teufel mit meinem Chef!"

„Der soll doch zum Teufel gehen!"

Vom Teufel besessen – Exorzismus

Exorzismus kommt vom griechischen Wort ‚exorkismós', was ‚Hinausbeschwören' bedeutet.

Sollte der Teufel in eine Person eingefahren sein und dieser nun als ‚besessen' gilt, braucht es den erfahrenen Exorzisten, der den Teufel aus dem Körper austreiben kann.

Dabei geht er in einer bestimmten Reihenfolge vor: Besprengen mit Weihwasser – Litanei/Gebet – Hände auflegen – Teufel mit Kreuz austreiben – Dankesgebet sprechen.

Teufel in Bocksgestalt

In einem Zauberprozess im Jahr 1335 wurde die Bocksgestalt des Teufels festgehalten. Seitdem ist ‚bewiesen', dass sich der Teufel zumindest auf einem Pferdehuf fortbewegt.

Anstelle des Wortes Teufel findet sich auch der nicht ganz so schlimm klingende Begriff Beelzebub (Belzebub, Beelzebock).

Dieser nicht schmeichelhafte Begriff soll aus der hebräischen und arabischen Sprache stammen und übersetzt ‚Herr der Fliegen' bedeuten. Gemeint sind die Fliegen des Misthaufens.

Luzifer, lateinisch für ‚Lichtträger', ist der Name des gefallenen Engels, der nun als Teufel unterwegs ist.

Satan oder Satanas ist ebenfalls eine Bezeichnung für den Teufel, der die Verkörperung des Bösen darstellt.

Bekanntlich hat er zwei Hörner, einen Schwanz und führt einen Dreizack (ursprünglich eine Mistgabel) mit sich. Allerdings hat er auch die Gabe, als scheinbar höfliche Person aufzutreten oder sogar in Tierform zu erscheinen.

Teufelspakt oder Teufelsbündnis

Der Teufel braucht Helfer überall dort, wo er sein Unwesen treiben will. Er sucht Menschen, die ihm willig sind, oder die ihre Seele gegen magische Kräfte, aber auch gegen Reichtum oder eine besondere Fähigkeit einlösen.

Timm Thaler, ein lustiger 13-jähriger Junge, tauscht sein gern gehörtes Lachen gegen jedmöglichen Wettgewinn ein (Roman ‚Das verkaufte Lachen' 1962 von James Jacob Hinrich Krüss, dt. Schriftsteller, 1926 – 1997).

Eine unkluge Entscheidung, wie sich bald herausstellt. Es kostet viel Zeit und Anstrengung, diesen Pakt wieder lösen zu können.

Moral: Keinen Pakt mit dem Teufel eingehen, egal wie vorteilhaft die Vereinbarung erscheint.

Der böse Blick

„Niemand war und ist mir eine empfindlichere Geißel
als der richterlich geartete Mitmensch.
Er ist für mich der personifizierte böse Blick.“
Christian Otto Josef Wolfgang Morgenstern, dt. *Schriftsteller*
(1871 - 1914)

Die Augen bleiben stehen

Aufgepasst bei Leuten, die einen sogenannten ‚Bösen Blick' haben. Diese Menschen, die erst einmal unscheinbar unter anderen leben, besitzen magische Kräfte.

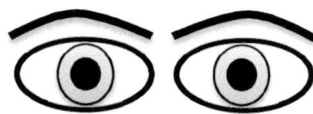

Mit ihrem Bösen Blick können sie Unschuldige schädigen oder deren Besitz vernichten. Sie können Menschen und Tieren schaden. Sie können Gegenstände zerbrechen oder zerspringen lassen.

Sie können Unheil, ja – unglaublich aber dem Aberglauben nach – sogar andere zu Tode kommen lassen.

Offensichtlich gibt es den Bösen Blick schon seit Ewigkeiten, denn auch in Babylonien war er schon bekannt. Die Ägypter trugen augenförmige Amulette zum Schutz.

Es soll sogar möglich sein, dass ein Schlafender oder ein Blinder die Kraft des Bösen Blickes hat. So wurden sicherheitshalber Menschen, die hingerichtet werden sollten, die Augen zugebunden. Damit waren zumindest die Zuschauer gesichert.

Wie können Sie sich gegen den Bösen Blick wehren? Die einfachste Art ist sicher, dass Sie Menschen, von denen Sie annehmen den Bösen Blick zu besitzen, gar nicht erst anschauen und schnell das Weite suchen. Das Hufeisen über der Haustür hilft in solchen Fällen auch, sowie manche Amulette.

Apotropaion – Böses abwehren

Was aber, wenn Sie der Böse Blick schon getroffen hat? Ziehen Sie das Unterhemd oder die Unterhose einen Tag lang linksherum an. Das soll angeblich helfen.

In den genannten Beispielen wird von apotropäischen Handlungen gesprochen (griechisch: ,apotrópaios' gleich ,abwehrend'). Ein Apotropaion ist die Schutzmaßnahme gegen den Bösen Blick und gegen sonstige böse Kräfte. Die vielen Teufels- und Dämonenfratzen an Kirchengemäuern sollen diesen abwehrenden Schutz bieten.

Nazar – Augenamulett

Viele fürchten sich vor dem Bösen Blick, der zum Beispiel durch Neid anderer entsteht. Deshalb benutzen sie ein Amulett, das gegen den Bösen Blick helfen soll.

So gibt es auch Amulette wie das Nazar, das Blaue Auge. Am besten und wirksamsten ist das Augenamulett, wenn ein Blaues Auge abgebildet wird. So wirkt die Spiegelung des Bösen Blickes wirkungsvoller. Durch das Blaue Auge wird sozusagen der Böse Blick zurückgeschickt, weshalb der Schutz entsteht.

Schielen

Wenn Sie spielerisch mit den Augen schielen und genau in diesem Moment der Glockenschlag der Uhr ertönt, bleiben die Augen in dieser Fehlstellung.

Deshalb sollten Sie auch vermeiden, beim Schlagen der Uhr Grimassen zu schneiden oder die Zunge herauszustrecken. Das sähe auf Dauer schrecklich aus, oder?

> Übrigens: Heute noch ist es üblich, Verstorbenen direkt die Augen zu schließen, damit sie (oder irgendwelche Geister) nicht mit den Lebenden in Kontakt treten und sie in den Tod nachziehen können.

Die Nase juckt und es klingelt in den Ohren

Jucken ist nicht gleich Jucken. Juckt es links an der Nase, bedeutet es nichts Gutes; juckt es rechts, dann gibt es etwas Gutes. Sollte es auf dem Nasenrücken jucken, ist mit Besuch zu rechnen.

Juckt es in der linken Handfläche, ist in Kürze Geld zu erwarten. Juckt es hingegen in der rechten Handfläche, ist mit größeren Ausgaben zu rechnen.

Nun zu den Ohren. Wenn sich die Ohren warm anfühlen, lästert gerade jemand über einen. Klingelt es in den Ohren, dann reden ebenso andere Menschen über einen aber nicht unbedingt im negativen Sinne.

Andere Quellen sagen, dass das Klingeln in den Ohren noch Besseres verspricht. Klingelt es im linken Ohr, ist mit steigendem Reichtum zu rechnen. Klingelt es rechts, steht das für eine gute Gesundheit.

Der Daumen

Daumen drücken bringt Erfolg. Der Daumen ist der kräftigste Finger, weshalb kein anderer Finger genommen wird.

Drücken Sie fest den Daumen, wenn Sie jemandem viel Glück und gutes Gelingen wünschen.

Im Englischen gibt es hierfür den Ausdruck ‚cross the fingers‘.

Sehen Sie zufälligerweise einen Leichenwagen vorbeifahren, sollten Sie Ihre Daumen verstecken. Zumindest gilt das in Japan und hier wieder bei der älteren Generation.

Auf Japanisch heißt der Daumen ‚Oya yubi‘ (‚Oya‘ gleich ‚Eltern‘ und ‚yubi‘ gleich ‚Finger‘). Da in Japan die Daumen demnach als ‚Elternfinger‘ bezeichnet werden, würde das Zeigen auf einen Leichenwagen den Tod eines Elternteils heraufbeschwören.

> Übrigens: In Japan wird viel weniger gestikuliert und mit den Fingern oder dem Daumen gearbeitet. Das gilt als unhöflich und wird als übertrieben angesehen.

In vielen Teilen der Welt gilt: Wird mit dem Daumen nach oben gezeigt, soll der andere wissen, dass alles gut geht oder dass eine Sache als gut empfunden wird.

Zeigt der Daumen allerdings nach unten, wird nonverbal das Gegenteil ausgedrückt.

Diese Geste ist bereits bei den römischen Gladiatorenkämpfen bekannt. Der unterlegene Gladiator verliert sein Leben. Er hat allerdings die Möglichkeit, das Publikum um Begradigung zu bitten. Dabei dreht er sich zu den Besuchern und streckt seinen Zeigefinger nach oben.

Nun ist es an den Zuschauern, über Leben und Tod zu entscheiden. Strecken sie ihren Daumen bei gekrümmten Fingern nach oben, stimmen sie für eine Begnadigung.

Zeigt hingegen der Daumen nach unten beziehungsweise gegen den Gladiator, sind sie nicht bereit, der erbetenen Begnadigung zuzustimmen.

Der Veranstalter oder der Ehrengast des Gladiatorenwettkampfes, nicht selten der Caesar, wird sein endgültiges Urteil fällen. Soll dem Gladiator die Daumen gedrückt werden, zeigt der Daumen des Caesars nach oben.

Daumen hoch – hierzulande eine positive Geste – bei anderen negativ

In Russland kann diese Geste als Beleidigung gesehen werden, im Iran sogar für eine sehr böse Beleidigung. In Nigeria und in Australien kann verstanden werden:

„Verschwinde!"

Oder:

„Lass mich in Ruhe!"

Vorsicht in der Türkei und in Griechenland, da dort diese Geste als obszön gelten kann, fordert sie doch zum Geschlechtsverkehr auf. Wird gleichzeitig der Daumen auf und ab bewegt, ist homosexueller Geschlechtsverkehr gemeint.

Kleine Missverständnisse können in China entstehen. Diese Geste steht für die Zahl 5, in Indonesien für die Zahl 6.

Die entstehenden Missverständnisse haben nichts erkennbar mit Aberglauben zu tun. Sie könnten das Gegenüber aus anderer Kultur in unangenehme Situationen bringen können – und sich selbst natürlich auch.

Der grüne Daumen

Vielleicht haben Sie auch schon mal von einem grünen Daumen gehört. Wer diesen hat, kann gut mit Pflanzen umgehen. Wer hingegen zwei linke Daumen hat, ist handwerklich nicht besonders geschickt.

> Übrigens: Wenn jemand sagt „... über den Daumen geschätzt ..."
> nennt er einen groben, angenommenen Wert.

Die Finger

Nach altem Aberglauben sind die Finger eigenständige Wesen und verfügen über magische Kräfte.

Das lässt sich schon daran erkennen, wenn gesagt wird:

„Er saugt sich etwas aus den Fingern".

Wer sich etwas ausdenkt, saugt es sich sprichwörtlich aus den Fingern.

Beobachten Sie gut, werden Sie feststellen, dass manchmal Menschen im Gespräch mit verschlossenen Lippen und der Zeigefingerspitze an der Lippe anliegend vor Ihnen sitzen.

Sie überlegen in diesem Augenblick und ziehen wohl – dem Aberglauben folgend – Wissen aus dem Finger. Im Moment wollen sie ihr Wissen noch nicht preisgeben.

Die Zeigefinger beider Hände kreuzen wirkt gegen Unheil. Kreuzen Sie die Finger und strecken Sie die gekreuzten Zeigefinger in Richtung drohendem Unheil. In der Regel langt das schon, das anstehende Unheil abzuwenden. Manchmal ruft dabei jemand aus:

„Pfui Spinne!"

Sie müssen jemandem die Wahrheit schwören? Aber vielleicht war es doch anders, als Sie jetzt schwören sollen? Keine Sorge – hier gibt es einen Ausweg.

Kreuzen Sie Ihren Zeigefinger und den Mittelfinger hinter Ihrem Rücken. Während Sie auf die Wahrheit schwören, passiert nichts. Der Schwur gilt nicht.

Weiter gilt, nicht mit dem Finger auf jemanden zeigen. Die eigene Kraft wird durch dieses Deuten auf den anderen übertragen.

Wer will gern seine eigene Kraft verlieren? Abgesehen davon, gilt diese Geste im zwischenmenschlichen Umgang als aggressiv.

Übrigens: Wenn Sie sich den Ellenbogen stoßen, kommt jemand zu Besuch.
Tut es heftig weh, kommt der Besuch von weit her.

In die Hände gespuckt

Böse Geister oder gar der Teufel versuchen, in den menschlichen Leib – am besten in den Kopf – einzudringen, um dort Unheil anzustiften. Im Mund bildet sich heilbringender Speichel, der helfen kann, Ungutes abzuwenden. Wird ausgespuckt, können in diesem Augenblick keine Feinde in den Körper eindringen.

Mütter hauchen Kindern auf die Wunde, wenn sie sich beim Spiel die Haut verletzt haben. Schlagartig ist der Schmerz nicht mehr spürbar; die Wunde verheilt schnell. Menschen spucken dreimal aus, wenn Böses wie der Böse Blick abgewendet werden soll. Dasselbe gilt, wenn Sie etwas beschrien haben. Das Ausspucken darf auch ‚trocken' erfolgen, wird also nur angedeutet. Am besten dabei sagen:

„Pfui Teufel!"

Im Mittelalter wurde ‚pfui' als lautmalerisches Geräusch für das Ausspucken verwendet. Kennen Sie den Spruch:

„Außen hui, innen pfui"?

Wer ein Geldstück findet, spuckt darauf. Am besten dreimal. Auf dem Geld sitzende Geister werden verscheucht. Der Händler spuckt auf das erste eingenommene Geld am Tag, damit die Kasse gut gefüllt wird.

In Thailand wurde beobachtet, dass ein Händler an einem Bekleidungsstand mit den eben eingenommenen Geldscheinen auf die ausgelegte Ware klopfte, damit diese bald einen Käufer anlocken soll.

„In die Hände gespuckt und an die Arbeit!"

Jetzt geht es mit Schwung an die Arbeit. Gutes Gelingen ist fast garantiert. Manche wandeln den Spruch ab:

„In die Hände gespuckt, auf die Arbeit geschi*."

Falls Sie „jemandem in die Suppe spucken" mögen Sie ihn offensichtlich nicht. Sie wollen dessen Pläne durchkreuzen. Jemand ist sprachlos, wenn er sagt:

„Mir fehlt die Spucke."

Lieber eine Glatze als gar keine Haare

Abgeschnittene Haare nicht in die Toilettenschüssel werfen. Böse Mächte bemächtigen sich dieser Haare und können Unheil damit ausrichten. Früher sollten abgeschnittene Haare am besten im offenen Feuer verbrannt werden, egal wie es stinken mag.

Haare sollten weder selbst geschnitten noch donnerstags gewaschen werden.

Werden Jungen bei Vollmond die Haare geschnitten, riskieren sie später eine Glatze zu haben.

Andere behaupten allerdings, dass die Kopfhaare unbedingt bei zunehmendem Mond geschnitten werden sollen. Das würde einen besonders guten Schnitt ergeben und die Haare auch in Zukunft sehr gut wachsen lassen.

Wurden Männer mit Glatze früher eher als ‚Weicheier' angesehen, gelten sie heute als potent. Hier hat sich ein deutlicher Wandel vollzogen.

So wenig wie die frühere Annahme stimmte, muss die heutige Meinung sein. Es käme auf einen Test an.

Bekannterweise riskierten rothaarige Frauen als Hexe bezeichnet zu werden. Noch heute wird manche Rothaarige misstrauisch beäugt. Wenn sie dazu mit Sommersprossen gesegnet ist, hat sie von vornherein schlechte Karten.

In vielen Märchen sind die Jungfrauen hingegen blond. Die böse Schwiegermutter hingegen trägt schwarze Haare. Blond gleich gut und schön, Schwarz gleich böse und heimtückisch.

Übrigens: Rufen Sie aus: „Was ist dir in den Kopf gefahren?", dann beziehen Sie sich auf den früheren Aberglauben, wonach böse Geister in den Kopf einziehen und dort für Verwirrung sorgen.

Wimper

„Oh, eine Wimper ist ausgefallen."

Sie klebt nun irgendwo auf der Wange. Die Besitzerin nimmt vorsichtig die Wimper auf eine Fingerspitze. Dann pustet sie die Wimper vom Finger weg.

Im selben Augenblick darf sich die Besitzerin etwas wünschen. Wie das bei den Wünschen so üblich ist, darf er vor Erfüllung nicht ausgesprochen werden.

Albinismus

Das Wort Albinismus kommt aus der lateinischen Sprache: ,albus' gleich ,weiß'.

Ein Albino (besser: Ein Mensch mit Albinismus) ist ein Mensch, bei dem durch eine Erbkrankheit Melanin fehlt beziehungsweise zu wenig produziert wird. Deshalb hat er eine helle Haut und fast weiße Haare.

Einige haben eine helle, fast rosafarbene Iris.

In einigen Gegenden Ostafrikas werden Albinos gejagt und getötet, da Haut, Haare und einige Körperteile Zaubertränken beigesetzt werden, die große Macht versprechen.

> Übrigens: Bei Schluckauf denkt jemand an Sie.

Von schwarzen Katzen und weißen Schäfchen zur Linken

„Der wesentliche Unterschied zwischen einer Katze
und einer Lüge besteht darin, dass eine Katze nur neun Leben hat."
Mark Twain (eigentlich Samuel Langhorne Clemens), US-amer. Schriftsteller
(1835 - 1910)

Die Katze von links

Haben Katzen nicht ‚nur' sieben Leben? Oder doch neun, wie Mark Twain (1835 – 1910) meinte? Egal.

Ach du lieber Schreck! Eine Katze kreuzt den Weg; und zwar von links nach rechts. Als wäre das nicht schlimm genug, stellt sich heraus, dass es sich um eine schwarze Katze handelt.

Das bringt Unglück. Wer nun den Weg der Katze kreuzt, hat nichts mehr zu lachen. Zumindest nicht an diesem Tag.

Der ‚Fluch' kann nur aufgehoben werden, wenn die Katze (oder eine andere) denselben Weg wieder zurückgeht; also von rechts nach links. Aber welche Katze macht das schon?

Also: Am besten umkehren und einen anderen Weg wählen. Halt: Es gibt noch eine Chance! Warten Sie am Wegesrand, bis ein anderer an Ihnen vorbeigegangen ist und somit das Unglück auf sich zieht.

Weshalb hat die schwarze, wegkreuzende Katze solch ein schlechtes Image?

Weiter oben wurde von den früheren Hexen gesprochen. Wurden viele Hexen nicht von einer schwarzen Katze begleitet? So wie bei Hänsel und Gretel? Schwarze Katzen wurden verteufelt und als Hexentiere bezeichnet.

Dass Katzen sich in der Dämmerung elegant und sicher auf allen Vieren bewegen, ist ja nachvollziehbar, oder?

Auf leisen Pfoten, unauffällig, können sie wie die Hexe an Orte schleichen und (verdächtige) Kräuter sammeln, denen magische Kräfte nachgesagt werden. So kam es zum schlechten und unheimlichen Bild der schwarzen Katze.

Und außerdem weiß ‚jedes Kind', dass sich eine Hexe in eine schwarze Katze verwandeln kann. So kommt sie in der Geisterstunde problemlos an ihre Kräuter, um Zaubertränke herzustellen.

> Übrigens: Schwarz steht für böse und hinterlistig.

Glücklicherweise hat die schwarze Katze aber auch ein positives Omen. So galt sie im Theater als Glücksbringer, denn sie kümmerte sich um die lästigen Mäuse.

Auch aus dem alten Ägypten ist bekannt, dass Katzen als Glücksbringer galten. Viele wurden einbalsamiert und mit ihrem Herrchen beziehungsweise ihrem Frauchen beigesetzt. Somit konnten Katze und Mensch in einem anderen Leben weiterhin zusammen sein.

Maneki-neko

In Japan ist eine aufrecht sitzende Katze aus Keramik oder Kunststoff als Glückssymbol bekannt, die dem Betrachter mit einer Pfote zuwinkt. Ihr Name ist Maneki-neko beziehungsweise Manekineko.

Sie sitzt vor Geschäften und soll mit ihrem Winken Kunden anlocken und dem Ladenbesitzer einen größeren Umsatz, Wohlstand und finanzielles Glück bringen. Die winkende Katze ist nicht nur in Japan, sondern auch in China, Taiwan und Thailand beliebt.

Ein schwarzes Schaf in jeder Familie?

Na endlich mal was Positives, wenn Sie Schäfchen auf der linken Seite sehen.

„Schäfchen zur Linken, wird Freude dir winken."

Oder:

„Schäfchen zur Linken, das Glück wird dir winken!"

Oder:

„Schäfchen zur Linken lassen das Glück dir winken."

Egal wie, es bringt immer Glück. Sollten die Schäfchen auf der rechten Seite grasen, gibt es allerdings Ärger.

„Schäfchen zur Linken gibt was zu winken, Schäfchen zur Rechten gibt was zu fechten."

Oder:

„Schäfchen zur Linken lassen das Glück dir winken – Schäfchen zur Rechten bringen alles zum Schlechten."

Sind Sie zu Fuß, mit dem Fahrrad oder dem Auto unterwegs, dürfen Sie sich glücklich schätzen, zu Ihrer Linken eine Schafherde weiden zu sehen.

Sollte diese dummerweise auf der rechten Wegseite grasen, gibt es eine ganz einfache Möglichkeit, das Unglück gar nicht erst an sich herankommen zu lassen: Einfach ignorieren!

> Übrigens: Machen Sie sich keine Sorge, wenn Sie ein schwarzes Schaf in der Herde sehen. Sie wissen doch: In jeder Familie gibt es ein schwarzes Schaf. Offensichtlich muss das einfach so sein. Aber keine Angst: Das Sehen eines schwarzen Schafes scheint kein Unglück zu bringen.

Hasenpfote

Fast ist sie in Vergessenheit geraten. Aber die Hasenpfote gilt als Glücksbringer – und hilft nebenbei gegen Zahnschmerzen. Als idealer Glücksbringer gilt die linke hintere Pfote.

Am besten soll der Hase bei Vollmond getötet werden, noch besser auf einem Friedhof.

Nicht mehr zu toppen: Alles geschieht an einem regnerischen Freitag, vielleicht sogar am Freitag den 13ten.

Die Hasenpfote wird um den Hals gehängt. Da es sich allerdings um eine echte Hasenpfote handeln muss, ist das Mitführen einer solchen Pfote in der heutigen Zeit nicht mehr üblich.

> Übrigens: In den 60ern galt die mitgeführte Hasenpfote als Symbol der Fruchtbarkeit.

Hund streicheln

In Japan soll es zwei Wochen Glück bringen, wenn Sie einen fremden Hund streicheln – natürlich mit Einverständnis des Besitzers oder der Besitzerin.

Der Klapperstorch und weiße Tauben

Weiße Tauben symbolisieren lebenslange Treue. Aus diesem Grund werden weiße Tauben gerne am Hochzeitstag bereitgehalten. Die Tauben können vor dem Standesamt, vor der Kirche oder nach der Hochzeitsfeier aus ihren Käfigen fliegen.

Oft wird vor dem Abflug der Tauben ein Gedicht verlesen, in welchem auf Liebe, Treue und Beständigkeit der Ehe eingegangen wird. Die Vögel steigen auf, drehen zwei, drei Runden und fliegen dann zu ihrem Heimat-Standort zurück.

Die Taube steht als Symbol des Friedens: die Friedenstaube.

Schwalben bringen Glück

Bekannt ist: Eine Schwalbe macht noch keinen Sommer. Das bedeutet: Keine voreiligen Schlüsse ziehen, sondern erst andere Meinungen einholen.

Andererseits: Lachen Sie laut, wenn Sie Schwalben sehen. Sie erhalten dann Ihre Gesundheit.

Oh, ein Schwalbennest am Haus! Das soll Glück bringen. Denn dort, wo es ein Nest gibt, schlägt kein Blitz ein. Also nicht entfernen.

Der Naturschutzbund Lübeck schreibt, dass Schwalben schon im Altertum als heilig verehrt und von niemandem verfolgt wurden. Sie galten nicht nur als Frühlingsboten, sondern auch als Glücksbringer.

> Übrigens: Streiten sich zwei Spatzen, bringt das Unglück.

Füttern Sie in Myanmar einen Vogel, müssen sie 500 Jahre lang keinen Hunger leiden. Noch lukrativer: Spenden Sie einem Mönch etwas zu essen, leiden Sie in den nächsten 1.000.000 Jahren keinen Hunger.

Auf ein langes Leben!

Kuckuck, Raben und Käuzchen

Ruft der Kuckuck zum ersten Mal im Jahr, muss die gefüllte Geldbörse geschüttelt werden, damit es das komplette Jahr über keine Geldsorgen gibt.

Wer die Kuckucksrufe zählt, weiß, wie viele Jahre er (mindestens) noch zu leben hat.

Nicht gut, wenn sich Raben auf dem Dach niederlassen: Krankheit droht bei einem Bewohner. Klopft der Rabe mit dem Schnabel auf das Dach, stirbt der Kranke.

Noch schlimmer ist es, wenn das Käuzchen „Ku-witt" schreit. Das hört sich an wie „komm mit" und kündigt den baldigen Tod einer nahestehenden Person an.

> Übrigens: Sollte Ihnen ein Vogel beim Überfliegen auf die Schulter ‚machen‘, dann bedeutet das Glück. Nicht ärgern!

Klapperstorch

Sehen Sie das erste Mal im Jahr einen Weißstorch, auch Adebar genannt, und haben kein Geld bei sich heißt es, Sie müssen das ganze Jahr hindurch mit wenig Geld auskommen.

Dabei gilt der Storch doch seit jeher noch als ganz netter Zeitgenosse. Er sorgt immerhin für reichen Kindersegen und weiterhin für eine problemlose Geburt.

Derjenige, der auf Nachwuchs hofft, legt einen Zuckerwürfel auf die Fensterbank. Ist dieser am nächsten Morgen verschwunden, darf in einigen Monaten mit einem neuen Erdenbürger gerechnet werden.

Der Storch beißt die Mutter gelegentlich ins Bein. Nun muss sie sich ins Bett legen, um sich vom Biss zu erholen. Der Storch fliegt zu einem Brunnen, holt dort ein Kind, das er dann zur Mutter ins Bett legt.

Marienkäfer

Ein Marienkäfer mit sieben Punkten auf den Flügeln landet auf Ihrer Hand. Schütteln Sie den Käfer nicht etwa ab, denn er will Ihnen Glück bringen.

Er kommt als Himmelsbote zu Ihnen. Außerdem wird er dafür sorgen, dass ein kranker Mensch bald wieder gesund wird.

Ursprünglich gilt der Marienkäfer als Geschenk Marias.

Die sieben Punkte auf dem Glückskäfer zeigen neben der Schutzkraft Marias die sieben Tugenden:

Demut, Mildtätigkeit, Keuschheit, Geduld, Mäßigung, Wohlwollen und Fleiß.

Tipp: Zählen Sie die Sekunden, die der Marienkäfer auf Ihrer Hand verweilt.

Denn: Jede Sekunde entspricht einem Jahr bis zur erhofften Heirat. Dieser Tipp gilt selbstverständlich für Unverheiratete oder solche, die sich erneut vermählen wollen.

Übrigens: Die Redewendung „Spinne(n) am Morgen bringt Kummer und Sorgen" hat nichts mit dem Insekt Spinne zu tun. Sie bezieht sich auf die Tätigkeit des Spinnens.
Wer schon am frühen Morgen dieser Arbeit nachgehen musste, hatte es offensichtlich nötig und wenig Geld zur Verfügung.

Schwein gehabt – das Glücksschwein

Kennen Sie den Ausspruch:

„Ich habe Schwein gehabt?"

Jemand will damit ausdrücken, dass das Ergebnis zwar knapp aber zu seinen Gunsten ausging.

Laut Wikipedia gibt es verschiedene Theorien der Herkunft. So wird ein Augsburger Schießfest erwähnt, bei dem der Verlierer als Trostpreis ein Schwein bekam. Immerhin.

Eine andere Theorie nimmt an, dass dieser Spruch von einem Kartenspiel herrührt, in dem das höchste Ass auch als ‚Sau' bezeichnet wurde. Wer also solch einen hohen Wert auf der Hand hielt, hat Glück beziehungsweise Schwein gehabt.

Der Eber galt in der Antike als heiliges Tier, da er für Fruchtbarkeit stand und steht. Schon bei den Griechen und Römern galt: Wer viele Tiere hatte, hatte genügend Nahrung und lebte dadurch bevorzugt.

Wie dem auch sei: Das Schwein steht von alters her als Zeichen des Wohlstands und damit des Reichtums. Außerdem wurde es als Symbol der Fruchtbarkeit angesehen, was wiederum den Reichtum fördert.

Ferkel

Beim Boule-Spiel beziehungsweise Boccia-Spiel wird die Ziel-Kugel, an die die anderen Bälle so nahe wie möglich geworfen werden müssen, im Sprachgebrauch Schweinchen, Wutz oder Sau genannt.

Die korrekte Bezeichnung lautet ‚Conchonet' (Ferkel). Der erste deutsche Boule-Club wurde übrigens in Bonn Bad Godesberg im Jahr 1963 gegründet. Der ehemalige Bundeskanzler Konrad Hermann-Josef Adenauer (1876 – 1967) spielte dieses Spiel sehr gerne.

Aber nun zurück zum Schwein. Es sieht so aus, dass sich ein Bauer im Mittelalter glücklich fühlen durfte, falls er im Besitz eines Schweins war. Es sicherte ihm einen gewissen Wohlstand.

Hans im Glück

Die Gebrüder Grimm (Jakob Ludwig Karl 1785 – 1863 und Wilhelm Carl 1786 – 1859) beschreiben Hans im Glück. Nach sieben Jahren harter Arbeit erhält Hans als Lohn einen Batzen Gold, genauer gesagt einen Klumpen, so groß wie ein Kopf. Nicht schlecht für sieben Jahre Arbeit. Hans macht sich auf den Weg.

Er tauscht das Gold gegen ein Pferd, dieses gegen eine Kuh und die Kuh schließlich gegen ein Schwein. Aber damit ist die Geschichte noch nicht am Ende. Ein neuer Tausch bringt ihm eine Gans ein. Diese einen Schleifstein und einen Feldstein. Als Hans an einem Brunnen Wasser trinken will, fallen ihm diese beiden unnützen Steine in den Brunnen.

Zum großen Erstaunen der Leser ist Hans sehr glücklich, da er nun die Last dieser Steine nicht mehr mit sich schleppen muss. Er macht sich frohen Sinns auf den Weg nach Hause zu seiner Mutter. Er ist sehr glücklich. Ob das Schwein dabei eine besondere Rolle gespielt hat? Nein, in diesem Fall nicht. Es zeigt, dass nicht Hab und Gut Glücksgefühle im Leben bringen.

Eine besondere Ehrung erhält das Schwein an Silvester. Dort steht es als Glücksbringer fürs nächste Jahr. Wer dann ein Schweinchen streicheln darf, hat besonderes Glück.

> Übrigens: Obwohl das Schwein offensichtlich ein toller Glücksbringer ist, hat es manchmal ein schlechtes Image.
> Wird jemand als „faules Schwein" oder gar als „armes Schwein" bezeichnet, scheint das Leben schlecht mit ihm gespielt zu haben.

Das Pferd und sein Hufeisen

Das Pferd ist ein kräftiges Tier. Es symbolisiert Stärke. Auf viele wirkt das Tier auch edel. Kein Wunder, dass das Pferdehufeisen als Glücksbringer gilt. Ja, sogar der gepflegte Zugochse trägt Hufeisen.

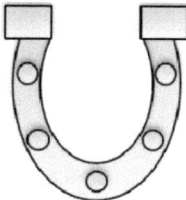

Zudem war das Hufeisen aus Eisen, was in dieser reinen Form in der Natur nicht vorkommt. Fand früher ein Mensch ein Hufeisen oder einen eisernen Nagel, war der Fund etwas Besonderes.

Ein ‚zauberhaftes' festes Metall, das zudem noch magnetisch war.

Der teuflische Pferdefuß

Der heilige St. Dunstan (ca. 909 – 988), seines Zeichens Goldschmied und Hufschmied, erhielt Besuch vom Teufel.

Der forderte den Schmied auf, seinen Pferdefuß mit einem Hufeisen zu beschlagen. Dunstan schlug so heftig zu, dass der Teufel tatsächlich um Gnade bat. Er versprach, in Zukunft jeden Menschen zu verschonen, der ein Hufeisen zeige.

Wichtig: Ein Hufeisen muss gefunden werden. Ein gekauftes Hufeisen hat nicht dieselbe Wirkung. Das Hufeisen wird zum Beispiel über der Haustür angebracht.

Hängt es mit der Öffnung nach oben senkrecht an der Wand, bleibt das Glück darin hängen.

Andere sagen, das Hufeisen muss mit der Öffnung nach unten aufgehängt werden. Es sieht dann aus wie ein gebogenes Eisen, unter dem der Teufel nicht hindurchgehen kann.

Das gilt auch für gebogene Metallstangen, die einen Durchgang zum Beispiel in einer Gartenanlage bilden oder einen mit Rosen geschmückten Bogen beim Spalier für das Hochzeitspaar. Da geht der Teufel nicht durch.

Wird das Hufeisen hingegen flach hingelegt, zum Beispiel auf den Boden, muss es mit der Öffnung nach draußen zeigen. So kann das Hufeisen die Bewohner vor ungewollten fremden bösen Geistern schützen. Die verfangen sich sozusagen darin. Mancher hängt das Hufeisen mit der Öffnung nach rechts auf, sodass sich der Buchstabe C, der für Christus steht, lesen lässt.

Der eine oder andere Autofahrer wünscht sich das U auf dem Nummernschild, welches das nach oben geöffnete Hufeisen symbolisiert. In früheren Zeiten nagelten Seefahrer ein Hufeisen an den Schiffsmast. Erfolgreicher Handel war gewährleistet und eine gesunde Rückkehr (ziemlich) gesichert.

> Übrigens: Sollte der gewiefte Teufel in Menschengestalt das Haus betreten wollen, fällt ihm das Hufeisen auf den Kopf.
> Verärgert wird er von dannen ziehen; die Bewohner brauchen sich nicht zu fürchten.

Tabu

Zerriebenes Nashorn oder getrocknete Haifischflossen haben weder mit Glauben noch mit Aberglauben zu tun und gelten als Tabu.

Teil 2 –
Die glückliche 7
und die
unglückliche 13

Glückszahlen, Glückssymbole

Die böse 13

„Leichtgläubige Menschen verfallen leicht dem Aberglauben."
Martin Luther King, US-amer. Bürgerrechtler
(1929 - 1968)

Freitag der 13.

Für die meisten Menschen ist 13 die Unglückszahl überhaupt. Einige Quellen behaupten, dass die Zahl 13 mit der Zahl der am letzten Abendmahl Sitzenden zu tun habe (Jesus und die 12 Apostel). Einer war der Verräter! Der 13. war es: der Verräter Judas.

So finden sich heute selten 13 Personen an einer Gästetafel zusammen. Entweder 12 (passt auch gut zur Zahl der ‚guten' Geschirrteile im Schrank) oder 14 und mehr.

Sind tatsächlich 13 Gäste zusammen, muss einer bald sein Leben lassen. Um das zu verhindern, lässt sich die Tafel splitten – an einem Tisch sitzen 8, am anderen 5 und schon ist der Bann gebrochen.

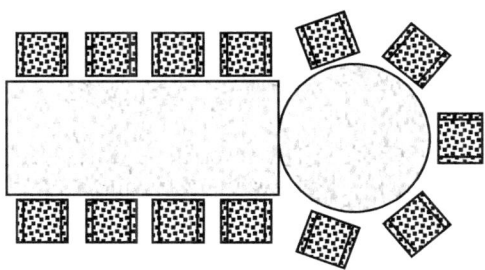

Kommen tatsächlich 13 Personen zusammen, gibt es eine andere elegante Möglichkeit, der bösen Zahl zu entgehen. Es wird schlicht und einfach für 14 Personen eingedeckt. Auf den 14. Platz kommt ein Stofftier, zum Beispiel ein Teddybär und der Bann ist gebrochen.

> Übrigens: Wenn doch mal 13 Personen am Tisch sitzen – wer zuerst aufsteht, stirbt als Erster.

Die ‚bessere' Gesellschaft Frankreichs des 19. und 20. Jahrhunderts lud in diesem Fall eine (meist gegen Bezahlung) 14. Person ein. Diese Person wurde Quatorzième (die Vierzehnte) genannt.

„Jetzt schlägt's 13!"

Für manch einen ganz fürchterlich empfunden gilt ‚Freitag der 13.'

Als wäre die 13 nicht schon schlimm genug: Kombiniert mit Freitag – die reine Katastrophe! Am besten lieber gleich zu Hause bleiben! Angeblich soll die Kombination mit Freitag in Zusammenhang mit dem Tag der Kreuzigung Jesu zu tun haben. Jesus soll am Karfreitag gekreuzigt worden sein.

Aufgeklärtere Menschen meinen, Freitag der 13. beziehe sich auf den schlimmen Börsencrash am 25. Oktober 1929 (Der Schwarze Freitag) in der New Yorker Wall Street.

Wie auch immer: Viele Hochzeitspaare vermeiden es, an einem 13. zu heiraten; einige Geschäftsleute möchten an einem 13. keinen Vertrag unterschreiben.

In manchen Hotels oder Kreuzfahrtschiffen wird die 13. Etage beziehungsweise das 13. Deck in der Nummerierung übersprungen.

Bei einigen Fluggesellschaften wird die 13. Sitzreihe in der Nummerierung ausgelassen. Auch in manchen Krankenhäusern und Hotels fehlt die Zimmernummer 13.

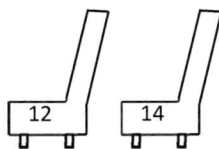

> Übrigens: Bei der ersten Ziehung der Lottozahlen in Deutschland im Jahr 1955 wurde die 13 gezogen.

Paraskevedekatriaphobie

Die Angst vor Freitag dem 13. gab es bereits in der griechischen Sprache. Die übersteigerte Angst vor Freitag dem 13. wird als Paraskevedekatriaphobie bezeichnet.

Obwohl in einzelnen Fällen die 13 auch als positive Zahl gesehen wird, überschreitet sie in hiesiger Kultur die vollkommene Zahl 12. Das Jahr hat 12 Monate, der Tag hat zweimal 12 Stunden, es gibt 12 Tierkreiszeichen, 12 Apostel verkünden das Evangelium und so weiter.

Passiert etwas Ungeheuerliches, folgt schon mal der Ausruf:

„Jetzt schlägt's 13!"

„Freitag der 13. lässt die Zimmerpreise schrumpfen."

Das Unternehmen Swoodoo untersuchte die Flug- und Hotelpreise für Freitag den 13.04.2012 und Freitag den 13.07.2012.

An beiden Tagen waren die Hotelpreise niedriger als an vergleichbaren Daten. Der Preisunterschied lag zwischen 8 und 17 %. (Quelle AHGZ 14.11.2012)

> Übrigens: Die abergläubische Angst vor einer Zahl heißt Triskaidekaphobie.

Die ideale 7

Im Gegensatz zur Zahl 13 zählt die 7 für viele zu den Glückszahlen. Im Christentum steht die 3 für Trinität. Die 4 steht für die 4 Elemente (Feuer, Wasser, Erde, Luft).

Somit ergibt sich eine ideale Zahl 7. Die alten Griechen und Römer sahen übrigens die Zahl 7 als Kombination der wunderschönen mathematischen Gebilde Quadrat und Dreieck an. Es gibt also viele Gründe, diese Zahl als eine besondere anzusehen.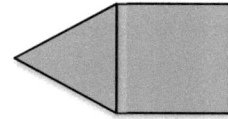

Nicht umsonst wird von den 7 alten und neuen Weltwundern gesprochen. Die alten (Antike): Die hängenden Gärten der Semiramis zu Babylon, der Koloss von Rhodos, das Grabmal des Königs Mausolos II., der Leuchtturm vor Alexandria, die Pyramiden in Ägypten, der Tempel der Artemis in Ephesos und die Zeusstatue von Olympia.

Die neuen (Neuzeit): Chichen Itza in Mexiko, die chinesische Mauer, die Christus Statue in Rio de Janeiro, das Kolosseum in Rom, Machu Picchu in Peru, die Felsenstadt Petra in Jordanien und das Taj Mahal in Indien.

Nach christlichem Glauben wurde die Welt in 7 Tagen erschaffen. Bekanntlich folgen den sieben fetten Jahren die sieben magere. Die Zahl 7 kommt in vielen Sprüchen, Redewendungen, Märchentiteln und so weiter vor. Einige Beispiele:

- Regnet es an Siebenschläfer, so regnet es sieben Wochen
- Über sieben Brücken musst du gehn
- Auf der siebten Wolke schweben
- Siebenmeilenstiefel
- Schneewittchen und die sieben Zwerge
- Der Wolf und die sieben Geißlein
- Das tapfere Schneiderlein, das Sieben auf einen Streich erschlägt
- Im siebten Himmel sein
- Nicht zuletzt wird von 7 Tugenden und 7 Todsünden gesprochen.

Weiterhin:

- Die Stadt Rom wurde auf 7 Hügeln errichtet
- 7-Meilen-Tiefe
- Die sechs Siebeng'scheiten
- 7-Schön (Märchen)
- 7 Weltmeere bedecken den Globus
- Die Welt wurde in 7 Tagen erschaffen
- Der 7. Sinn
- „Muss man dir alles siebenmal sagen?"

Und wie war das mit dem guten Kuchen?

„Wer will guten Kuchen backen, der muss haben sieben Sachen. "

Gedächtnisleistung und die 7

Aus der Lernpsychologie ist bekannt, dass das Kurzzeitgedächtnis zwischen fünf und neun Begriffe aus derselben Kategorie speichern kann. Das sind im Schnitt sieben Begriffe.

Nebenbei genannt ist das auch der Grund, weshalb Schnittblumen im Strauß eine ungerade Anzahl von Blüten haben sollen, da sie harmonischer wirken. Das gilt aber nur für 3, 5, 7 oder 9 Blüten.

Danach kann der Mensch auf Anhieb nicht mehr erfassen, ob es sich um zehn oder zum Beispiel um elf Blüten handelt. Er müsste nachzählen. Das bedeutet, dass ungefähr bis zu einer Zahl von sieben alles von der Menge her sofort erfasst werden kann. Was drüber liegt, gilt als ‚viel'.

Bestimmt haben Sie auch schon einmal die Aussage gehört:

„Der kann nicht bis drei zählen."

Das müsste so ausgedrückt werden:

„Der kann nicht bis neun zählen."

7 ... das sind viele

Distanziert von der christlichen Überlegung der Zahl 7, bedeutet die Aussage ‚sieben', dass es sich um ‚viele' handelt.

Wird von Siebenmeilenstiefeln gesprochen, sollte möglicherweise angedeutet werden, dass mit diesen Stiefeln ‚viele' Meilen zurückgelegt werden können.

Demnach wäre auch zu überdenken, ob Schneewittchen tatsächlich mit sieben oder mit vielen Zwergen zusammenlebte. Werden nun alle diese Überlegungen betrachtet, lässt sich zusammenfassen, dass nichts gegen die Zahl 7 einzuwenden ist.

Oder doch? Da gibt es doch noch das ‚verflixte 7. Jahr'. Tatsächlich haben Untersuchungen bestätigt, dass viele Paare das siebte Jahr nicht zusammen erleben. Sie trennen sich vorher.

„1, 2, 3, 4, 5, 6, 7, wo ist meine Braut geblieben?"

Nicht umsonst wird von einem ganz cleveren Menschen auch gesagt, er sei ‚siebengescheit'. Heißt es, er sei neunmalklug, klingt das etwas überheblich.

Übrigens: Alle 7 Jahre wird der Pariser Eiffelturm neu angestrichen. Das verbraucht immerhin 60 Tonnen Farbe.

---

4 gleich Tod?

Haben Sie asiatische Gäste, speziell Chinesen, Koreaner oder Japaner, Gäste aus Taiwan, Vietnam, Singapur oder Malaysia, sollten Sie einen weiten Bogen um die Zahl 4 machen. Diese gilt dort als Unglückszahl.

Bei falscher Betonung hört sich in diesen Ländern die 4 an wie das Wort ‚Tod'. Somit ist nachvollziehbar, weshalb diese große Gruppe der Asiaten einen deutlichen Abstand von der Zahl 4 nimmt.

Das geht so weit, dass auch keine Geschenke, die auf die Zahl 4 zurückgreifen, überreicht werden dürfen. So würde beispielsweise ein Bilderset ‚Frühling, Sommer, Herbst und Winter' unangenehme Gefühle auslösen.

Waren und Produkte mit der Kennzeichnung einer 4 oder einem Logo, in dem eine 4 gezeigt wird, werden wenig bis überhaupt nicht gekauft.

Bei einer Nummerierung vermeiden die Asiaten gerne die Ziffernfolge 1, 2, 3, 4, 5 und ersetzen sie durch 1, 2, 3, 3 A, 5.

Manchmal geht die Furcht vor der Zahl 4 so weit, dass möglichst auch Zahlen wie 14, 24, 41, 42 und so weiter vermieden werden.

Sprechen Sie keine Einladung aus, in der die 4 im Datum vorkommt. Die Gäste werden Entschuldigungen schicken und möglicherweise stehen Sie am Ende ganz allein da.

Die abergläubische Angst vor der Zahl 4 heißt Tetraphobie (griechisch: ‚Tetras' gleich ‚vier', ‚Phobie' gleich ‚Angst', ‚Furcht').

Eine Quelle gibt an, dass in einigen Landstrichen in Italien die 4 auch nicht willkommen ist. Sie soll dort einen Sarg symbolisieren und demnach nichts Gutes bedeuten.

8 gleich Unendlichkeit?

Die Zahl 8 lässt den Mensch beruhigt auf- atmen und wieder etwas zur Ruhe kom- men. Viele empfinden dann ein (inneres) Gleichgewicht und eine Harmonie im Le- ben.

Gerade dort, wo die 4 ein unglückliches Leben fristet, wird die 8 als Glückszahl gesehen. Sie steht für unendliches Glück, lässt sie sich doch ohne Absetzen des Stiftes immer weiter (über-)malen. Es entsteht eine sogenannte Lemniskate (eine Endlosschleife).

Das Oktogon, (griechisch für Achteck) folgt der christlichen Bedeutung, die die 8 als heilige Zahl ansieht (8. Tag = Der Tag der Auferstehung Jesu).

Das wird beim Grundriss des achteckigen Felsen- doms in Jerusalem sofort sichtbar, wie auch in der Pfalzkapelle des Aachener Doms und im Baptisterium San Giovanni in Florenz.

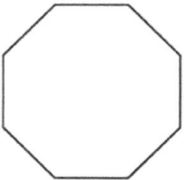

Das Herz von Heinrich III. (1016/1017 – 1056) wurde in einem prunkvollen achteckigen Gefäß in der Pfalzkapelle in Goslar beigesetzt.

Die Zahl 8, die der positiv betrachteten 7 folgt, symbolisiert einen Neu-anfang, die Wiedergeburt, den ersten Tag der neuen Woche und so wei-ter. Eine gewisse Art der Unsterblichkeit ist hier erkennbar.

17 und 39

In Italien und Brasilien gilt die 17 als Unglückszahl.

Betrachten Sie die römisch geschriebene 17: XVII. In einem Anagramm, in dem die einzelnen Buchstaben miteinander vertauscht werden, kann sich VIXI ergeben. Dieses lateinische Wort ,vixi' heißt übersetzt „ich habe gelebt".

Schon ist der Betrachter wieder bei der Vergänglichkeit des Lebens und dem voraussehbaren Tod. Also weg mit der 17.

In der deutschen Sprache gibt es hin und wieder den „Trick 17". Jemand will damit ausdrücken, dass er mit einem Kniff eine unerwartete Lösung gefunden hat.

Was die 13 hierzulande bedeutet, findet sich in der 39 in Afghanistan wieder. Diese Zahl ist dort ganz schlecht angesehen. Gerüchten zufolge steht sie auch für illegale Prostitution.

666 und 999

Dreimal die 6 hintereinander? Das ist die Zahl des Antichristen. Sie ver-mittelt etwas Okkultismus, etwas Geheimes oder Verborgenes.

Anders sieht es bei der 9 aus. Diese dreimal hintereinander gesetzt sym-bolisiert in China ewigen Segen.

> Übrigens: Einige Teufelsanbeter wählen schon mal gerne für ihr Auto-Nummernschild die Kombination 666.

Zahlenglaubwürdigkeit – Vorsicht vor statistischen Anga-ben

Offensichtlich sind Menschen in hiesiger Kultur sehr zahlengläubig. In ei-ner Diskussion bezieht sich jemand auf eine statistische Angabe.

In der Regel wird die Angabe beziehungsweise die Zahl nicht angezweifelt – es wird ihr geglaubt!

Die ‚Richtigkeit' der Angabe wird verstärkt, wenn es sich um eine ‚krumme' Zahl handelt. Satt „70 Prozent" lieber „72 Prozent" oder „etwa 70 Prozent".

Rhetorisch Geschulte hinterfragen die Zahl:

„Von wann ist die Angabe?" Oder:

„Um welche Quelle handelt es sich?"

Schnell werden sie merken, dass diese Angaben häufig gar nicht gegeben werden können. Stimmten sie oder waren sie nur genannt, um den Gesprächspartner zu manipulieren?

Zahlenkombinationen

Viele Menschen mögen eine gewisse Symmetrie oder Gleichheit in ihrem Leben. Das lässt sich auf Nummernschildern wiederfinden, wenn die Ziffernfolge wiederholt wird.

Beispielsweise ein fiktives Aalener Kennzeichen AA – AA 1111.

Eine sich wiederholende Zahl oder Buchstabe, allerdings auch wiederholende Symbole beruhigen viele Menschen und geben ihnen eine gewisse Sicherheit.

Damit ergeben sich diese Symbole als positiv.

Das sind Gründe, weshalb Trauungen gerne an Daten geschlossen werden, in denen sich die Zahlenfolge wiederholt. Für jene, die eine gemeinsame Zukunft planen wollen, sind beispielsweise der 5. Mai (5.5.) oder der 7. Juli (7.7.) begehrte Daten.

Im eigenen Heim

„Wohnungswechsel – Seelenwanderung."
Wilhelm Karl Raabe (Jakob Corvinus), dt. Schriftsteller
(1831 - 1910)

Zu Hause in den eigenen vier Wänden

Schnell nach Hause und die Tür zu. Jetzt kann ja nichts mehr passieren. Oder doch? Sie fühlen sich sicher in Ihren eigenen vier Wänden. Erleichtert atmen Sie auf. Sie ziehen die Straßenschuhe aus.

Schuhe

Dummerweise stellen Sie die Schuhe so, dass die Schuhspitzen Richtung Tür zeigen. Das ist natürlich nicht gut; wie hätte es auch anders sein sollen? Zeigen die Schuhspitzen in Richtung Ausgang, bedeutet das: Der Träger der Schuhe wird über kurz oder lang weglaufen.

Auch sollten Sie vermeiden, einer Person, die Sie lieben, Schuhe zu schenken. Sie fordern sozusagen das Pech heraus, da die beschenkte Person möglicherweise sogar in diesen geschenkten Schuhen ihren eigenen Weg geht und sich von Ihnen trennt.

Gut, die Schuhe können ja andersrum gestellt werden. Hier kann nun nichts mehr passieren.

Für alle Fälle: Vermeiden Sie, Schuhe auf einem Tisch abzustellen. Das soll allgemeines Unglück bringen. Wechselt das Jahr, sollten die Schuhe peinlichst geputzt sein.

Garderobe auf dem Bett

Stellten sich Gäste ein, wurde oft deren Garderobe auf das Ehebett gelegt, wenn die vorgesehenen Garderobenhaken bereits belegt waren.

Keinesfalls sollte allerdings der Hut aufs Bett gelegt werden. Das Risiko ist/war hoch, dass ein Floh ins Bett hüpft und den Gastgeber in Zukunft quält.

Auch keine Kopfbedeckung auf dem Tisch ablegen!

Faden

Finden Sie ein Stückchen Faden an Ihrer Kleidung, bedeutet das:

- weißer Faden: Jemand mit blonden Haaren denkt an Sie.
- dunkler Faden: Jemand mit dunklen Haaren denkt an Sie.

Einen abstehenden Faden nicht abschneiden, solange die Kleidung am Leib getragen wird. Dasselbe gilt für das Annähen eines abgerissenen Knopfes oder das Flicken einer aufgerissenen Naht.

> Übrigens: Näht die Frau bei Mondschein, näht sie sich ihr eigenes Leichenhemd.

Möbel

Wie sieht es mit Ihren Möbeln aus? Wenn ein Möbelstück knarrt, stirbt jemand aus der Verwandtschaft.

Auch sollten Sie einen leeren Schaukelstuhl nicht anstoßen. In diesem Falle würde es jemandem schlecht ergehen.

Der zerbrochene Spiegel

Vorsicht: Spiegelglas darf nicht zerbrochen werden – das bringt nämlich Unglück ins Haus. Dass ein zerbrochener Spiegel gleich sieben Jahre Unglück bringt, dürfte allgemein bekannt sein.

Noch eins: Schauen Sie nicht in ein zerbrochenes Stück des Spiegelglases. Sie beschwören sonst eine Krankheit herauf.

Weshalb hat das zerbrochene Spiegelglas ein schlechtes Image? Seit dem Jahr 1516 wurden Spiegel mit Hilfe von Quecksilber angefertigt. Das Quecksilber löste sich beim Bruch des Spiegelglases. Durch Einatmen oder Berührung mit dem Quecksilber konnte es zu Krankheiten kommen.

> Übrigens: Ein Handspiegel wird immer mit der Glasfläche nach unten abgelegt.

Ist die Fensterscheibe beschlagen, keine Figuren oder Zeichen darauf malen.

Eine Nacht darüber schlafen

Ihnen steht eine wichtige Prüfung bevor? Sie lernen und lernen, kriegen den Lernstoff aber nicht gut in Ihren Kopf?

Hier hilft ein relativ einfacher Trick. Legen Sie das Buch mit dem Lernstoff unter Ihr Kopfkissen. Schlafen Sie eine Nacht darüber und schon ist das Wissen im Kopf. Glauben Sie nicht? Dann einfach einmal ausprobieren!

Hausbau und Grundsteinlegung

Bauen Sie ein Haus, wird irgendwann der erste Spatenstich erfolgen. Die Grundsteinlegung wird zelebriert. In der Regel ist der Grundstein innen hohl, damit in ihm eine sogenannte Zeitkapsel aufbewahrt werden kann.

In die Zeitkapsel werden aktuelle Informationen zum Hausbau gelegt: eventuell eine Tageszeitung, Münzen oder andere für den aktuellen Hausbau symbolische Gegenstände, die dem Bauherrn und seiner Familie ein Leben lang Glück bringen sollen.

Die Zeitkapsel wird luft- und wasserdicht verschlossen und im Grundstein eingemauert. Der Grundstein wird später im Hausfundament sein und ist erst wieder zugänglich, wenn das Haus abgerissen wird.

Während des Hausbaus soll nicht über teils aufgebaute Zimmerwände geschritten werden. Der Wechsel von einer Seite auf die andere würde eine unsichtbare Tür für zukünftige Geister einbauen.

Und dann noch etwas zu den Türschwellen, die die Zimmer verbinden.

Symbolisch ist eine Schwelle ein Übergang zu einer ‚anderen Welt'. Deshalb sicherheitshalber nicht auf eine Türschwelle treten. Die darunter wohnenden Schwellen-Geister würden gestört.

Nicht ohne Grund wird die Braut bekannterweise über die Schwelle ins Haus getragen.

Neubezug einer alten Wohnung

Beim Neubezug einer älteren Wohnung sollte diese ausgeräuchert werden, damit die früheren, verstorbenen Bewohner störungsfrei an anderer Stelle ‚leben' können.

In eine neu zu beziehende Wohnung soll die Katze nicht am 1. Tag mitgenommen werden. Sonst muss einer der neuen Bewohner bald sterben.

Bei Tisch – Das umgeschüttete Salzfass

„Brot mit Salz wird einen knurrenden Magen gut beruhigen."
Horaz (Quintus Horatius Flaccus), röm. Satiriker
(65 - 8 v. Chr.)

Salz – kostbarer als Gold

Der Salzstreuer fällt um! Großes Gezeter! Denn verstreutes Salz bedeutet Ärger beziehungsweise Unglück, und zwar sieben Jahre lang! Sie wissen ja, was sieben Jahre bedeuten. In früherer Zeit war Salz extrem teuer. Es war wertvoller als Edelmetall.

Oder es wurde mit Steuern belegt (vgl. Großer Salzmarsch Mahatma Gandhis im März des Jahres 1930 mit Hunderttausenden von Anhängern). So etwas Kostbares wie Salz zu verschütten – und damit zu vergeuden – musste einfach Unglück bedeuten.

Übrigens: Sollte Ihnen einmal der Salzstreuer umfallen, können Sie sofort ein Gegenmittel einsetzen:
Nehmen Sie von dem verschütteten Salz etwas auf und werfen es über Ihre linke Schulter auf den Fußboden. Glück gehabt!

Weshalb über die linke Schulter? Nun, Sie wissen doch, der Teufel sitzt auf der linken Schulter und ihm werfen Sie nun Salz in die Augen. Auf der rechten Schulter sitzt übrigens ein Schutzengel.

Bevor sie einen Salzstreuer weiterreichen, den Streuer einmal kurz auf dem Tisch abstellen – also nicht direkt weiterreichen.

Beim Wohnungseinzug wird den neuen Bewohnern traditionell Salz und Brot geschenkt. Das Salz steht dafür, dass kein Mangel an Lebensmitteln herrschen wird. Und das Brot drückt aus, dass ein gewisser Wohlstand gewünscht wird.

> Übrigens: Ist das Essen versalzen, dann ist der Koch verliebt.

Den Brotlaib nicht auf den Rücken, also die abgerundete Seite, legen. Da reitet der Teufel nur allzu gerne drauf.

Haben Sie schon einmal beobachtet, dass das ‚auf dem Rücken liegende' Brot wackelt? Dann ist das der Beweis, dass gute Seelen versuchen, das Brot umzudrehen.

Zerbrochenes Glas, zerbrochene Scherben

Bei Polterabenden wird Geschirr zerdeppert, um dem Brautpaar Gutes zu wünschen. Je mehr, desto besser; je lauter, desto effektiver. Lautes Krachen und Scheppern soll böse Geister vertreiben.

Wird ein Trinkglas zerbrochen ist das gut, weil Lärm entsteht, den die Geister nicht mögen. Es ist also nicht so schlimm, wenn Ihnen ein Weinglas herunterfällt und zerbricht.

In manchen Kulturen, wie zum Beispiel in weiten Teilen Russlands, wird das Trinkglas nach dem Aussprechen eines Trinkspruchs und dem Zuprosten über die linke Schulter nach hinten auf den Boden geworfen. Das Glas soll dort zerschellen.

Das polnische Hochzeitspaar genießt einen Schluck Sekt aus dem Sektglas. Beide Gläser sind durch ein schmales Bändchen miteinander verbunden.

Die ausgetrunken Gläser wirft das Brautpaar hinter sich. Wessen Glas zuerst zerspringt, gibt den Hinweis auf das Geschlecht des erstgeborenen Kindes.

Bestecke

Die Schneide eines Messers nicht nach oben legen, das fordert Streit heraus. Abgesehen davon ist es gefährlich, da aus Versehen drauf gegriffen werden kann, was zu bösen Verletzungen führen kann.

In Indien und in Russland ist es überhaupt nicht gerne gesehen, scharfe Gegenstände – also Messer oder Scheren – zu verschenken. Das scharfe Messer zerschneidet mit Leichtigkeit die Freundschaft. Das ist natürlich nicht gewollt.

Sollte etwas Scharfschneidendes verschenkt werden, ‚kauft' der Beschenkte es symbolisch für einen Cent ab.

Durch diesen ‚Kauf' wird drohendes Unheil abgewendet, da es sich nicht mehr um ein Geschenk handelt.

> Übrigens: Finden Sie ein Messer, nehmen Sie es nicht an sich. Es bringt Unglück.

Stäbchen nicht in den Reis stecken

Im chinesischen Restaurant werden Speisen in Schalen und auf Platten in die Mitte der oft runden Tische gestellt. Die Suppe wird am Ende der Mahlzeit serviert. Jeder greift mit seinen Stäbchen nach gemeinsamen Gerichten. Es gibt keine separaten Portionen auf jedem Teller; alle bedienen sich von gemeinsamen Gerichten.

Stäbchen nicht senkrecht in eine gefüllte Reisschale stecken, sondern neben dem Schälchen ablegen. Ansonsten wird Ihre Geste als Opfer interpretiert, was einer Gotteslästerung gleichkommen kann.

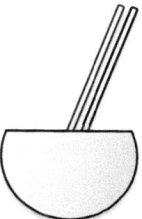

Nur bei Todeszeremonien werden die Stäbchen senkrecht in den Reis gesteckt. Der Umgang mit den Essstäbchen ist relativ streng geregelt.

Sehr unhöflich ist es, in den Gerichten herumzustochern. Feste Regel: Was mit den Stäbchen berührt ist, gehört in das eigene Schälchen oder den eigenen Mund.

Torte fällt um – die böse Schwiegermutter

Wird in einem Tagescafé die Kuchengabel an der Seite der Torte eingesteckt serviert, so sagt der Aberglaube, dass eine böse Schwiegermutter zu erwarten ist. Das gilt auch dann, wenn das Tortenstück auf dem Teller auf die Seite gekippt ist.

Sie bekommen allerdings auch eine böse Schwiegermutter, wenn Sie an einem Tisch so platziert sind, dass ein Tischbein zwischen Ihren Beinen steht. Sollten Sie bereits verheiratet sein, zeigt das Tischbein keinerlei böse Auswirkungen mehr.

Vielleicht sollten Sie vorsichtig sein, sich während einer Kaffeetafel die halb leer getrunkene Kaffeetasse nachfüllen zu lassen. Weshalb? Weil es dann eine böse Schwiegermutter gibt. Falls Sie nicht schon eine haben!

Sie sehen, die bedauernswerte Schwiegermutter muss für vieles herhalten.

Unterwegs

Zuhause in den vermeintlich sicheren 4 Wänden kann viel geschehen. Unterwegs allerdings auch.

Kastanie

Wie halten Sie sich gesund? Suchen Sie im nächsten Herbst eine schöne Kastanie und stecken sie in die Jackentasche. Sie werden sehen, Sie bleiben gesund.

Und noch etwas: Vermeiden Sie, auf dem Bürgersteig auf einen Spalt zu treten. Das ist überhaupt nicht gut, denn der Mutter würde sonst der Rücken oder gar der Hals gebrochen. Also gut aufpassen!

Das ist heftig!

Straucheln Sie auf dem Weg von A nach B, laufen aus Versehen gegen ein Hindernis oder fallen Sie sogar zu Boden, dann wieder zurückgehen und die ‚Unfallstelle‘ erneut passieren.

Regenschirm

Das Aufspannen eines Regenschirms erfolgt nur im Freien. Dabei mit der Spitze des Schirms nicht direkt auf einen Menschen zeigen.

In geschlossenen Räumen darf der Schirm nicht geöffnet werden, sonst stirbt jemand in der Familie.

Denkmal berühren

Sie haben bestimmt schon einmal gesehen, dass Bronzedenkmäler an bestimmten Stellen besonders goldfarben glänzen. Das sind die Stellen, die von Touristen immer wieder berührt werden. Und warum wohl? Na, weil das Berührung Glück bringt und/oder eine Rückkehr an diesen Ort erfolgen wird.

Beispielsweise können Sie in der Kölner Altstadt die Bronzefiguren der beiden Kölner Charakter-Figuren Tünnes und Schäl besuchen. Sie werden feststellen, dass die Nase von Tünnes bereits ganz blank gerieben ist.

> Übrigens: Wünscht Ihnen jemand etwas Gutes, dann wird sich nicht bedankt, sondern beispielsweise mit „Hals- und Beinbruch" oder „wird schon schief gehen" geantwortet.

Im Theater

Im Theater – Theaterleute gelten als sehr abergläubisch – spucken sich zwei Schauspieler vor ihrem Einsatz jeweils über die linke Schulter. Wichtig: Nicht bedanken!

Hier gibt es noch eine ganze Menge anderer Regeln. So darf sonntags nicht geprobt werden und – ganz verpönt – es darf in den Theaterräumen nicht gepfiffen werden. Früher machten Mitarbeiter durch Pfeifen darauf aufmerksam, dass es irgendwo im Gebäude brennt. Wer heute pfeift, beschwört einen Brand herauf.

Es gibt noch einen anderen Grund. Pfeifen die Künstler auf der Bühne, kommt das Pfeifen als Echo vom Publikum zurück.

Wenn es nicht zur Rolle gehört, werden keine Pfauenfedern in der Dekoration eingebaut oder bei der Kleidung verwendet. Auf einer Pfauenfeder ist ein Auge zu erkennen. Dieses Auge steht für den Bösen Blick.

> Übrigens: Geht ein Schauspieler (außerhalb der Probe oder der Vorstellung) über die Bühne, nimmt er den Hut ab.

Klassischerweise gibt es vor der Premiere die Generalprobe. Verläuft diese schlecht oder wird gar verpatzt, dann wird die Premiere sehr gut sein.

Wer es ganz genau nimmt, wird den allerletzten Teil des aufzuführenden Stücks in der Generalprobe nicht vortragen. Eine Generalprobe findet häufig schon vor Publikum statt.

Liebes Publikum: Am Ende der Generalprobe nicht applaudieren! Das bringt Unglück bei der Premiere.

Geld stinkt nicht

„Pecunia non olet."
Vespasian (Imperator Caesar Vespasianus Augustus), röm. Kaiser
(9 - 79)

Die Münze im Brunnen

So ist das mit dem Wunschbrunnen: Jedes Jahr kamen fast 9 Millionen Touristen ins italienische Rom. Und jedes Jahr warfen viele Touristen eine Münze in den Trevi-Brunnen (Fontana di Trevi) in Rom, um die Wassergeister zu bestechen.

Der Bau dieses großen Brunnens begann im Jahr 1732 auf früheren Quellen und zählt seitdem zu einer der Hauptattraktionen in der römischen Stadt.

Haben Sie als Tourist den Wunsch und wollen sicher sein, zu einem späteren Zeitpunkt noch einmal nach Rom zurückzukehren, dann gehen Sie wie folgt vor:

Stellen Sie sich mit dem Rücken zum Brunnen. Werfen Sie eine Münze über Ihre Schulter in den Brunnen.

Haben Sie die Absicht, sich in eine Römerin oder einen Römer zu verlieben, sollten Sie gleich zwei Münzen werfen. Falls Sie dann mit dieser Person in den Stand der Ehe eintreten wollen, sind drei Münzen vonnöten.

In früheren Zeiten musste ein Schluck Wasser aus dem Brunnen getrunken werden, was eine Rückkehr nach Rom garantierte. Das ist heute schon lange nicht mehr üblich.

Zu dieser Zeit gingen die Menschen auch noch davon aus, dass im Trevi-Brunnen eine Nymphe wohnte. Diese Nymphe verzauberte den Trinkenden so sehr, dass er der Stadt Rom verfiel und auf jeden Fall wiederkommen wollte.

Damit niemand auf die Idee kommt, sich an den Münzen aus dem Brunnen zu bereichern, wird der Brunnen gut bewacht. Die Münzen werden jede Woche von beauftragtem Personal eingesammelt.

Pro Jahr kamen (bis zur Corona Pandemie) über 1 Million Euro (angeblich ca. 1,2 Millionen) geworfene Münzen zusammen.

Das erklärt sicherlich die große Zahl an Touristen, die mehr als einmal in Rom waren. Die Münzen werden regelmäßig aus dem Brunnen gefischt und der Caritas gespendet.

> Übrigens: In manchen Kulturen soll Geld beim Überreichen nicht direkt in die Hand gegeben werden.
> Das Geld auf eine Ablage (Tisch, Tresen und so weiter) geben, von wo es dann aufgenommen wird.

Münze über die Schulter werfen

Für die Caritas als Empfängerin des Geldes ist es sicherlich gleich, ob der Tourist die Münze über seine rechte oder über seine linke Schulter in den Brunnen wirft. Kenner empfehlen, die Münze beziehungsweise die Münzen mit der rechten Hand über die linke Schulter in den Brunnen zu werfen.

Aber weshalb soll denn das Werfen einer Münze einen Wunsch erfüllen? Früher lebende Menschen glaubten, dass sich göttliche Wesen im Wasser aufhielten.

Und wie das mit göttlichen Wesen so ist – sie haben die Kraft, anderer Leute Wünsche in Erfüllung gehen zu lassen.

Dieser Aberglaube bezieht sich nicht nur auf Brunnen. Münzen sind auch in sonstigen Wasserbehältnissen, Schalen, tiefen Gruben oder sogar in Zoos im Wasserbecken zu finden.

> Übrigens: Schon bei den alten Römern war es üblich, den Göttern ein Münzopfer in eine Wasserquelle zu werfen, um sicher zurückzukehren. Händler wie auch Soldaten nutzten diesen Brauch sinnvollerweise sehr intensiv.

Als im Jahr 2022 in Bonn ein Karussell eingeweiht wurde, warf die Oberbürgermeisterin einige Cent ins Kassenhäuschen. Die sollten für einen guten Umsatz sorgen.

Kräftig rubbeln

Der Ticketautomat lässt die eingeworfene Münze immer wieder durchfallen. Was tun?

Ah! Die Münze am Einwurf-Schlitz oder am Automaten reiben und beim nächsten Einwerfen wird sie akzeptiert. Um Automaten zu schützen, haben einige Aufsteller ein spezielles ‚Rubbelfeld' angebracht.

Wohl wissend, dass das Reiben keinen Einfluss auf den Münzeinwurf nimmt.

Soll ich oder soll ich nicht?

Sie können sich einfach nicht entscheiden. Sollen Sie etwas machen oder eben nicht? Wie kommen Sie aus diesem Dilemma? Nehmen Sie eine Münze in Ihre rechte Hand. Werfen Sie sie nach oben und fangen Sie sie mit der rechten Hand wieder auf.

Ungesehen drehen Sie die aufgefangene Münze nun kopfüber auf den Rücken der linken Hand. Nehmen Sie die rechte Hand hoch und Sie sehen, wie die Münze gefallen ist.

Zeigt die Zahl nach oben, heißt das „Ja". Im umgekehrten Fall „Nein".

Dieselbe Vorgehensweise gilt, wenn Sie zwischen zwei Alternativen wählen wollen. Alternative A gilt für Zahl, Alternative B für die Rückseite der Münze (oder umgekehrt; Sie müssen es vorher nur festlegen).

> Übrigens: Das Schicksal entscheidet für Sie. Sie selbst können demnach in Ihrer Entscheidung nichts falsch machen.

Glückspfennig

Wollen Sie jemandem etwas Gutes tun, dann schenken Sie ihm einen Glückspfennig, so wie es zum Beispiel an Silvester üblich ist. Mit diesem Geschenk wünschen Sie dem Beschenkten, dass ihm das Geld niemals ausgehen möge.

Im Mittelalter wurde eine Münze an die Stalltür genagelt, damit sich keine Hexe hineintraute. Sollten Sie einen Cent oder eine andere Münze finden, heißt es: Drauf spucken – am besten dreimal – oder das Geldstück an einem Kleidungsstück reiben.

Der Brauch des Glückspfennigs geht auf den Taufpfennig beziehungsweise Tauftaler oder Taufmedaillon zurück. Am Tag der Taufe wurde dem Täufling vom Taufpaten eine Münze oder Medaille geschenkt.

Die wurde später um den Hals getragen und sollte Glück bringen.

Also: 1 Cent gehört in jede Geldbörse. Das Umzusetzen ist kein hoher Aufwand. Und es hilft … Das ist doch super!

Geldbörse

Verschenken Sie eine Geldbörse, legen Sie einen Glückspfennig oder einen Glückscent hinein, damit sich das Geld vermehren kann. Ansonsten bringt die geschenkte Geldbörse Unglück.

Um auf Nummer Sicher zu gehen empfiehlt es sich, im eigenen Portemonnaie auch einen Glückspfennig mitzuführen.

Übrigens: Vergessen Sie nicht, an Karneval die Geldbörse auszuwaschen. Zum Beispiel in einem fließenden Gewässer.
Das Auswaschen sichert Ihnen das komplette Jahr lang genügend Geld im Geldbeutel.

Das Geldbeutelwaschen findet in der Regel am Aschermittwoch statt. Verständlicherweise am letzten Tag des Fastnachtsgeschehens, da dann der Geldbeutel sowieso leer ist.

Wer es ganz ernst meint, kleidet sich schwarz und begibt sich mit der leeren Geldbörse trauernd zum Wasser.

Sollten Sie einmal nach Mainz kommen, finden Sie die Figur des Geldbeutelwäschers am Mainzer Fastnachtsbrunnen.

Beim ersten Gewitter im Jahr klopfen Sie sicherheitshalber auf Ihren Geldbeutel. Damit wollen Sie erreichen, dass dieser immer gut gefüllt ist.

„Gesundheit!"

Jemand muss niesen und Sie wünschen ihm Gesundheit. Nein, das ist überholt.

Durch diesen Wunsch machen Sie für jeden hörbar, dass der Niesende offensichtlich nicht voller Gesundheit ist. Anders ausgedrückt: Er ist krank.

Wünschen Sie demnach jemandem Gesundheit, könnten Sie auch – überspitzt ausgedrückt – sagen:

„Du bist krank."

Dass das nicht sehr höflich ist, ist einleuchtend. Wer will schon gern als krank oder angeschlagen angesehen sein?

Derjenige, der niest (übrigens in die linke Hand oder in die Ellenbogenbeuge) kann sagen:

„Entschuldigung."

Muss er aber nicht. Die anderen tun einfach so, als hätten sie das Niesen überhaupt nicht gehört.

Die Kraft der Farben – Kleine Farbpsychologie

„Bisweilen stelle ich mir die Farben als lebendige Gedanken vor,
Wesen reiner Vernunft, mit denen ich mich auseinandersetzen kann."
Paul Cézanne, frz. Maler
(1839 - 1906)

Blass vor Neid und grün hinter den Ohren

Ist es nicht schön, in einer farbenfrohen Welt zu leben? Es ist nicht alles ‚Grau in Grau'. Die Farbe ruft beim Betrachter gewisse Emotionen hervor. So wirken beispielsweise Räume mit blauer Wandfarbe kühler als solche, die rot angestrichen sind.

Hin und wieder ist es üblich, der Neugeborenen ein rotes oder rosafarbenes Kleidungsstück anzuziehen, dem Jungen hingegen etwas Blaues. Die Braut schreitet in Weiß vor den Traualtar, die Trauergemeinde erscheint in schwarzer Kleidung.

Hier eine Betrachtung zu den einzelnen Farben in hiesiger Kultur, wie auch die Bedeutung von Schwarz und Weiß.

Schwarz

Schwarz gilt als etwas unheimlich. In hiesiger Kultur ist Schwarz mit Trauer verbunden; in Indien ist Weiß die Farbe der Trauer und des Todes.

Allerdings: Der Zauberer trägt bevorzugt schwarze Kleidung. Er verrät nicht alles. Schwarze Kleidung des Gesprächspartners lässt vermuten, dass dieser noch ‚einiges im Ärmel' hat (wie ein Magier).

Da der Zauberer nicht alles verrät, also Geheimnisse zurückhält, wird schwarze Business-Kleidung nur in bestimmten Bereichen (wie Design, Medien und so weiter) gewählt.

Andererseits wirkt schwarz auch nobel, gehoben, wie sich bei der Abendgarderobe leicht erkennen lässt.

Ist es schwarz um den Menschen, zum Beispiel in der Nacht, ist er sozusagen blind. Er kann demnach die bösen Geister nicht sehen. Besser zu Hause zu bleiben oder Licht anzuzünden.

Aufpassen bei der schwarzen Katze oder dem schwarzen Raben.

> Übrigens: Es gibt auch eine schwarze Kunst (Nekromantie). Hier handelt es sich um eine Totenbeschwörung oder um ein Toten-Orakel.
> Durch den gezielten Einsatz eines ‚Pendels‘ oder durch das ‚Gläserrücken‘ kann nach diesem Aberglauben mit Verstorbenen Kontakt aufgenommen werden.

Der einzige schwarze Glücksbringer zeigt sich im Kaminfeger. Schwarz kommt in vielen Redewendungen vor, oft mit negativen Gefühlen. Ist kein Ende in Sicht, wird gesagt:

„Da sehe ich schwarz."

Haben Sie sich über etwas sehr geärgert, sagen Sie:

„Ich habe mich schwarz geärgert."

Auch der Pessimist sieht schwarz. Und wenn Sie lange auf etwas warten müssen, warten Sie, bis Sie schwarz werden.

Grau

Ein Synonym für die ‚graue Maus‘. Die graue Kleidung des Gesprächspartners lässt vermuten, dass dieser zwar ausgesprochen tüchtig ist, aber eher unauffällig im Hintergrund arbeiten möchte.

Deshalb ist Grau die bevorzugte Farbe bei beratender Tätigkeit oder bei Übersetzern/Dolmetschern. Sie wirkt unauffällig, unaufdringlich und wahrt die Distanz.

Die Farbe reizt nicht zu Handlungen oder Aktionen, da sie als nüchtern oder schlicht angesehen wird.

Teil 2 – Die glückliche 7 und die unglückliche 13

Weiß

Weiß steht hierzulande für Unschuld, Reinheit, Sauberkeit. Nicht ohne Bedeutung trägt die Braut von heute im Allgemeinen ein weißes Brautkleid, war es doch in vielen Teilen Deutschlands vor etwa 100 Jahren noch schwarz.

Weiße Kleidung des Gesprächspartners lässt vermuten, dass dieser sauber und ‚unschuldig' ist. Signalisiert aber auch, dass der Redner ‚ein unbeschriebenes Blatt' ist, also wenig Ahnung von seiner Materie hat.

Bei Ärzten strahlt Weiß eher Reinheit, Sauberkeit, Hygiene aus. Weiß in Kombination mit einer anderen Farbe wirkt auf viele angenehm.

> Übrigens: Einer älteren Person keine weißen Blüten schenken – sie deuten auf den nahenden Tod hin.

Rot

Rot ist nicht nur die Farbe des Blutes, sondern (neben grün) auch die Farbe des Teufels. Das meinten zumindest die Menschen im Mittelalter. Insgesamt bedeutet Rot Wärme, Zuneigung, Liebe, aber auch Energie, Durchsetzungskraft, Bewegung, Vitalität.

Gegebenenfalls erzeugt diese Farbe beim Betrachter einen Aufbau von Aggression, Aufbegehren, ja fast den Wunsch nach einer ‚Revolution'. Wen wundert es, dass Rot den Blutdruck steigen lässt.

Ebenso steigt die Herz- und Atemfrequenz an. Rote Kleidung des Gesprächspartners lässt vermuten, dass dieser impulsiv – ‚aus dem Bauch heraus' – und spontan handelt.

Er hat Durchsetzungskraft und haut gegebenenfalls auch mal mit der Faust auf den Tisch.

„Ich sehe rot!"

Er wirkt demnach manchmal zu aggressiv – und damit verkaufshemmend beziehungsweise gesprächshemmend – auf den Kunden.

Eine Krawatte mit rotem Muster zu einem dunkelblauen Anzug wirkt dynamisch.

In der Silvesternacht tragen viele Spanier und Italiener rote Unterwäsche. Richtig knallrot soll sie sein. Das soll ihnen im Folgejahr neben Glück auch Erfolg und Gesundheit sowie natürlich – wie sollte es anders sein – Liebe bringen. Aber Vorsicht: Die selbst gekaufte rote Unterwäsche bringt Ihnen überhaupt nichts.

> Übrigens: Verpacken Sie in China Geschenke in rotes und goldfarbenes Papier. Das steht für Glück und Reichtum.
> Hinweis: Der Beschenkte öffnet sein Geschenk nicht vor den Augen des Schenkenden. Neugierde zu zeigen gilt als unschicklich.

Zumindest kein Glück im eben beschriebenen Sinn. Lassen Sie sich die rote Unterwäsche schenken; dann wirkt der Glaube. Und noch ein Hinweis: Diese rote Unterwäsche wird nur einmal getragen, eben in der Silvesternacht. Danach wird sie weggeworfen.

Wird eine rote Linie überschritten, wurde übertrieben.

„So weit geht man nicht!".

Passen Sie auf, sonst bewegen Sie sich schon im roten Bereich. Gegebenenfalls wird Ihnen auch die rote Karte gezeigt.

Orange

Orange gilt als lebensbetonende Farbe und steht für Heiterkeit, Lebensfreude und Vitalität. Sie zeigt die Bereitschaft zur Kommunikation.

Orange ruft aus:

„Lasst uns miteinander reden!"

Gelb

Im Mittelalter stand die Farbe Gelb für Tod und Unglück, teilweise auch für Ausgrenzung. Gelb galt damals als Schandfarbe.

In einigen Städten mussten Prostituierte ein gelbes Stoffteil zur Kennzeichnung ihrer Tätigkeit tragen.

Zum Beispiel einen gelben Saum am Kleidungsstück, ein sichtbar getragenes gelbes Band oder eine gelbe Kopfbedeckung.

In der Schweiz mussten sie ein rotes Käppchen tragen und waren damit leicht zu erkennen.

Heutzutage wird Gelb gerne als Signalfarbe genutzt. Gelb steht für Frische und Kraft, Optimismus, positives Denken. Die Farbe wirkt aufheiternd und steigert die Kommunikation. Sie unterstützt Denken und geistige Aktivitäten.

Gelbe Kleidung des Gesprächspartners lässt vermuten, dass dieser gerne auf sich aufmerksam macht.

„Achtung: Hier komme ich!"

Eventuell leicht aufdringlich wirkend.

Blau

Blau ist die Farbe des Himmels und damit göttlich oder zumindest adlig. Nicht umsonst gibt es den königsblauen Himmel. Blau steht für viele als Kühle, Frische, Weite. Die Farbe wirkt muskelentspannend und wirkt auf die meisten Menschen beruhigend, dämpfend, bewahrend.

Die Braut trägt am Hochzeitstag etwas Blaues. So hinterlässt die blaue Farbe in der Kleidung und in Unternehmensflyern den Eindruck, dass die gegebenen Informationen korrekt sind.

Blaue Kleidung des Gesprächspartners lässt seriöses Auftreten vermuten. Das, was der Gesprächspartner sagt, stimmt.

Deshalb findet sich die blaue Farbe in der Business-Kleidung überdurchschnittlich häufig.

Blau ist die Lieblingsfarbe vieler Menschen.

Grün

Früher war Grün die Farbe der Liebe und vor allem der Hoffnung. Grün steht symbolisch für Natur, Umwelt, Menschlichkeit.

Grüne Kleidung des Gesprächspartners lässt vermuten, dass dieser ein ‚netter' Mensch ist, aber nicht unbedingt zielorientiert handelt.

Andererseits sorgt Grün für gesteigerte Aufmerksamkeit und steigert deutlich die Konzentration. Ist jemand grün hinter den Ohren, gilt er als unreif und unerfahren.

„Der ist mir nicht grün", sagen Sie, wenn Ihnen jemand abgeneigt ist.

> Übrigens: Im Mittelalter war Grün die Erkennungsfarbe des Teufels, da dieser manchmal in einem grünfarbenen Umhang erschien.

Braun

Braun ist die Farbe vieler Genussmittel wie Schokolade, Kaffee, Tabak und so weiter. Sie zeigt den Wunsch nach ‚Erdverbundenheit'; gemeint ist Geborgenheit und Zuneigung.

Zugleich strahlt sie auch Demut und Bescheidenheit aus.

Violett

Vom Klerus getragene Farbe und damit als edel anzusehen. Violett signalisiert das Bedürfnis, andere anzutreiben, zu überzeugen und zu begeistern.

Erwachsene, die diese Farbe bevorzugen, werden manchmal als emotional unreif angesehen.

Oder noch weiter: als nichtkonforme Sexualität gedeutet. Taucht angeblich verstärkt in der Kleidung bei Menschen in der oft befürchteten Midlifecrisis auf.

Teil 3 – Mond, Sterne und Zukunft

Unterm Sternenhimmel

Sonntagskinder

„Aus der Ferne diesen Wunsch:
Glückliche Sterne und guten Punsch."
Heinrich Theodor Fontane, dt. Schriftsteller
(1819 - 1898)

Wochentage und Horoskope

Manchmal steht etwas unter keinem guten Stern. Wie auch immer: Es steht in den Sternen geschrieben, wie etwas werden wird.

Dass die Himmelsgestirne und die Götter schon ewig eine mystische Kraft auf den Menschen ausübten, ist unbestritten.

Montag	*Schnell ist erkennbar, dass der Montag seinen Namen vom Mond hat.* *Kennen Sie den Begriff Montagsauto? Das ist ein Auto, das immer wieder mit Pannen ärgert.* *Es wird angenommen, dass es an einem Montag produziert wurde.* *Die Vorstellung dabei ist, dass nach einem feucht-fröhlichen Wochenende die Arbeiter am Fließband noch nicht so fit und aufmerksam sind.* *Dadurch kann es zu einer fehlerhaften Produktion kommen.*
Dienstag	*Der römische Kriegsgott Mars ist im französischen ‚mardi', nämlich Dienstag erkennbar.* *Ansonsten sollen Götter, ‚dei', die Namensgeber für den Dienstag gewesen sein. Das ist ein gutes Omen, um an einem Dienstag ein Projekt zu beginnen.* *Wer es genau nimmt, sollte an einem Dienstag heiraten, damit die Ehe lange glücklich sein wird. Der Dienstag steht für Kraft und Erfolg.*

Mittwoch	*Merkur, erkennbar im französischen Wort ‚mercredi' gab dem Tag in der Mitte der Woche seinen Namen.*
Donnerstag	*Potz, Blitz – und Donnerschlag. Der Wettergott Donar war für die menschlichen Vorfahren wichtig genug, als Namensgeber herangezogen zu werden.*
Freitag	*Dafür stand die germanische Göttin Freya für den Freitag zur Verfügung.* *Seeleute stechen freitags nicht in See; und zu einer Jungfernfahrt schon gar nicht.*
Samstag	*Der Samstag wird auch Sonnabend genannt und nähert sich der Sonne.* *Tatsächlich stammt er vom Saturn ab, was im englischen ‚Saturday' erkennbar ist.*
Sonntag	*Abschließend folgt der Sonntag. Hier stand erkennbar die Sonne Pate beziehungsweise Patin.*

Denken Sie daran, den Tag nicht vor dem Abend zu loben. Sie würden das Glück herausfordern!

> Übrigens: Sonntagskinder sind Glückskinder. Ein Sonntagskind wird sonntags geboren.

Sterndeutung

Die Astrologie, Sterndeutung (altgr. ‚astron' gleich ‚Stern' und ‚logos' gleich ‚Lehre') sucht einen Zusammenhang zwischen irdischen Geschehnissen und himmlischen Gestirns-Konstellationen.

Das Wort Horoskop kommt aus der griechischen Sprache. ‚Hora' stand für ‚Zeitabschnitt'.

Das Horoskop zeigt die Planetenkonstellation zu einem bestimmten zeitlichen Augenblick.

Es entsteht eine Vorhersage aufgrund der Stellung der Sterne zueinander. Es gibt viele Arten von Horoskopen. Hier eine kleine Auswahl:

- Geburtshoroskop: Es wird ermittelt, wie die Sterne im Augenblick der Geburt zueinanderstanden.
  Welche Charaktereigenschaften entstehen dadurch für die Person?
- Partnerschaftshoroskop, auch Beziehungshoroskop: Es verrät die Beziehung zwischen zwei Menschen.
  Dabei kann es sich um Partner/Freunde wie auch Geschäftspartner handeln.
- Elektionshoroskop (lat. ‚electio' für ‚Auserwählung'): Sie wollen ein bestimmtes, für Sie wichtiges Vorhaben umsetzen?
  Dann sind Sie bei dieser Art des Horoskops genau richtig. Es berechnet den bestmöglichen Zeitpunkt für Ihr Vorhaben.

Manchmal sagt jemand:

„Das steht in den Sternen."

„Sie ist unter einem glücklichen Stern geboren."

Regenbogen

Sehen Sie einen wunderschönen, farbigen Regenbogen, ist das ein gutes Omen. Die Natur hält schon gewisse Wunder bereit. Falls es Ihnen gelingen sollte, an ein Ende des Regenbogens zu gelangen, sollten Sie dort einen Topf voller Gold vorfinden. Gratulation.

Sternschnuppe

„Oh, schau mal! Eine Sternschnuppe!"

„Dann darfst du dir was wünschen."

„Oh, ich wünsche mir …"

„Stopp! Du musst diesen Wunsch für dich behalten, damit er in Erfüllung geht."

Die Engel putzen eifrig die Kerzenhalter und Kerzen. Dabei kann es schon mal passieren, dass ein brennender Docht abfällt – oder von den Engeln wurde ein überstehender kurzer Docht mit einer Kerzenschere abgeschnitten – und das wird dem Erdenkind als Sternschnuppe sichtbar.

Wer unverschämtes Glück hat, wird fleißig arbeitende Engel erahnen können, da manchmal mehrere Sternschnuppen hintereinander aufleuchten. Viele Wünsche könnten erfüllt werden …

Passen Sie auf: Der Wunsch muss ‚leise' – für andere nicht hörbar – geäußert werden, bevor die Sternschnuppe verschwunden ist. Also: Es ist wichtig, den Wunsch für sich zu behalten, damit er in Erfüllung gehen kann.

Der Vorgang des Abschneidens des Dochts hieß schnupfen oder schnuppen. Das waren früher zwei Wörter für putzen. Der Docht-Abfall wurde dann Schnuppe genannt. Er ist wertlos. Das spiegelt sich auch wieder in der Aussage:

„Das ist mir Schnuppe!"

Wer das sagt, legt offensichtlich keinen großen Wert auf das geschilderte Geschehen. Es ist ihm völlig egal und so unwichtig wie ein verkohlter Docht. Andere Völker sehen in Sternschnuppen hingegen Verstorbene auf dem Weg in eine andere Welt.

Meteorit

Ein Meteorit stürzt auf die Erde? Super – das bedeutet Glück, zumindest dann, wenn Sie nicht getroffen werden.

Tierkreiszeichen

„Das ist ja wieder mal typisch Schütze", ruft Marius aus.

Er hat bei seinem Freund ein Verhaltensmuster wahrgenommen, welches er einem Tierkreiszeichen zuordnet.

In vielen Kulturen bestimmen 12 Tierkreiszeichen das Leben. Jedes Zeichen beginnt an einem 21., 22., 23. oder am 24. eines Monats und dauert bis zum Folgemonat an. Es bezieht sich auf ein bestimmtes Sternbild.

In der folgenden Tabelle ist die Zeit des jeweiligen Tierkreises beziehungsweise die Zodiaks (gr. ‚Zodiakos' gleich ‚Tierkreis') angegeben, sowie die Glückssteine für die dann Geborenen. In der Zeile darunter sind typische Verhaltensmuster aufgelistet.

Wer an Tierkreiszeichen glaubt, leitet von diesen Beschreibungen Schicksalsschläge und Vorkommnisse in seinem Leben ab. Die Charaktereigenschaften einer Person sind nach dieser Überlegung vorgegeben.

Sogar, welches Sternzeichen zu welchem passt, sodass sich manch Verliebter erst einmal die Angaben durchliest, bevor er eine Entscheidung trifft.

Die Partnerschaft soll schließlich eine glückliche werden. Nach der Vier-Elemente-Lehre (Wasser, Luft, Feuer und Erde) der alten Griechen sind die Tierkreise ebenso geordnet.

Wassermann	Januar bis Februar	Saphir	Türkis, Aquamarin, Malachit
Unabhängig, individuell, freiheitsliebend, erfinderisch			Luft
Fische	Februar bis März	Saphir	Mondstein, Jade, Rosenquarz
Empathisch, hilfsbereit, sensibel, sprunghaft			Wasser

Widder	März bis April	Rubin	Feuerachat, Granat, Jaspis
Dynamisch, mutig, zielstrebig, rücksichtslos, leidenschaftlich, vorwärtsstrebend			Feuer
Stier	April bis Mai	Saphir	Karneol, Bernstein, Rosenquarz
Ästhetisch, beständig, sinnlich, geschäftstüchtig			Erde
Zwillinge	Mai bis Juni	Gold	Korallen, Citrin, Goldtopas
Lebensfroh, abwechslungsreich, neugierig, ruhelos			Luft
Krebs	Juni bis Juli	Rubin	Mondstein, Perlen
Empathisch, hilfsbereit, beeinflussbar, gefühlvoll			Wasser
Löwe	Juli bis August	Diamant	Tigerauge, Orangen-Kalzit
Dynamisch, mutig, impulsiv, manipulierend, egozentrisch, selbstbewusst			Feuer
Jungfrau	August bis September		Karneol, Jade
Analytisch, rational, beständig, berechenbar, lebensklug			Erde
Waage	September bis Oktober	Smaragd	Rosenquarz, Jade
Harmoniebedürftig, sinnlich, unstetig, ausgleichend			Luft

Skorpion	Oktober bis November	Topas	Onyx, Amethyst, Türkis
Nachforschend, neugierig, streitsüchtig, mutig, entschlossen			Wasser
Schütze	November bis Dezember	Saphir	Lapislazuli, Chalzedon
Optimistisch, zielorientiert, idealistisch, gerechtigkeitsbetont			Feuer
Steinbock	Dezember bis Januar	Diamant	Amethyst, Bergkristall, Rauchquarz
Ehrgeizig, diszipliniert, verantwortungsvoll, ausdauernd			Erde

Viele Menschen glauben felsenfest an die Angaben, die in einem Horoskop gegeben sind. Fairerweise muss erwähnt werden, dass die Angaben manchmal recht schwammig oder neblig gegeben sind. Damit passen sie auf viele Situationen. Das hat zur Folge, dass die Vorhersage im Horoskop als richtig angesehen wird.

„Der heutige Tag bringt Ihnen eine Überraschung."

Es bleibt nun der Leserin oder dem Leser überlassen zu entscheiden, was sie oder er als Überraschung bezeichnen wird. Es wird nun auf eine Überraschung am Tag gewartet. Und irgendetwas wird geschehen, was als solche bezeichnet werden kann (siehe sich selbst erfüllende Prophezeiung).

Solange die Angabe positiv ist, kann sowieso nichts geschehen. Gibt es eine Ansage, die Aufmerksamkeit aufgrund einer nicht sehr angenehmen Situation vorhersagt, schadet es natürlich nichts, gut aufzupassen.

Auch dann kann am Abend gesagt werden:

„Mir ist nichts passiert, da ich bei der Vorhersage im Horoskop gut aufgepasst habe."

„Also hatte das Horoskop recht."

Chinesisches Horoskop

Buddha (ca. 500 v. Chr.) hatte eine tolle Idee. Bevor er die Erde verlassen wollte, lud er alle Tiere zu einem Treffen ein.

Tatsächlich sind von allen Tieren aber nur zwölf erschienen und zwar in folgender Reihenfolge: Ratte, Büffel, Tiger, Hase, Drache, Schlange, Pferd, Ziege, Affe, Hahn, Hund und Schwein.

Buddha überlegte nicht lange. Jedem dieser 12 Tiere widmete er ein Jahr und benannte es nach der Reihenfolge ihres Erscheinens.

Das passt ganz gut, da die Chinesen der Überzeugung sind, dass alle zwölf Jahre Menschen mit vergleichbaren Charakterzügen geboren werden.

Beim chinesischen Horoskop gibt es deshalb zwölf verschiedene Symbole – nämlich die oben genannten Tiere.

Da im Gegensatz zum hiesigen bekannten Horoskop die Zeitspanne nicht ein Monat, sondern ein ganzes Jahr beträgt, bedeutet das, dass sich jedes Tierzeichen alle zwölf Jahre wiederholt. So können die Chinesen beispielsweise sagen, dass sie im Jahr der Ratte geboren wurden.

Jedem Tierkreiszeichen sind bestimmte Eigenschaften zugeordnet.

Hier eine Tabelle mit den Tieren eines Beispiel-Jahrs und den zugeschriebenen Eigenschaften. Bei jedem Tierkreiszeichen gibt es übrigens eine gute und eine schlechte Charaktereigenschaft.

Bei den Jahren addieren oder subtrahieren Sie immer zwölf, um auf die nächste Phase desselben Horoskop-Abschnitts zu kommen. Beispielsweise ist die Ratte in folgenden Jahren das Tierzeichen: 1900, 1912, 1924, 1936, 1948, 1960, 1972, 1984, 1996, 2008, 2020, 2032, 2044 und so weiter.

Ratte (oder Maus)	1996	Humorvoll, kontaktfreudig, neugierig, diplomatisch, treu	Stolz, rachsüchtig, neidisch, autoritär

Büffel (oder Ochse oder Rind)	1997	Kräftig, ausdauernd, hartnäckig, gewissenhaft, lernbereit	Nachdenklich, kompromisslos, ungeduldig
Tiger	1998	Mutig, begeisterungsfähig, ehrgeizig, ehrlich	Leichtsinnig, risikofreudig, eigensinnig
Hase (oder Kaninchen)	1999	Sensibel, friedfertig, geschickt, diplomatisch, intelligent	Träumerisch, konfliktscheu
Drache	2000	Selbstbewusst, intelligent, impulsiv, freiheitsliebend	Kompromisslos, gierig, größenwahnsinnig, egoistisch
Schlange	2001	Charismatisch, treu, leidenschaftlich, tiefsinnig, planerisch	Eifersüchtig, eitel, egozentrisch, besitzergreifend, manipulativ
Pferd	2002	Freiheitsliebend, extravertiert, kreativ, charmant, gradlinig	Ungeduldig, aufbrausend, stur, heißblütig, egozentrisch
Ziege (oder Widder oder Schaf)	2003	Mitfühlend, warmherzig, gefühlvoll, introvertiert, ruhig	Unordentlich, kritikempfindlich, disziplinlos, unbeständig
Affe	2004	Ehrgeizig, verspielt, humorvoll, neugierig, einfallsreich, gebildet	Hochmütig, geschwätzig, neidisch, skrupellos, oberflächlich
Hahn (oder Huhn)	2005	Extravertiert, stolz, fleißig, ehrlich, intelligent	Kritisch, autoritär, verschwendungssüchtig, eitel
Hund	2006	Treu, aufrichtig, loyal, verlässlich, pflichtbewusst	Verschlossen, stur, unsicher, starrköpfig
Schwein	2007	Großzügig, optimistisch, verständnisvoll, friedfertig, tolerant	Naiv, bequem, perfektionistisch, gutgläubig

Zunehmender Mond

Um gleich das Wichtigste vorwegzunehmen: Die glückliche Frau heiratet bei zunehmendem Mond. Neben einem glücklichen Leben soll damit auch für Nachwuchs gesorgt werden.

Sie sollten nachts nicht ihre Finger- oder Fußnägel schneiden. Denn das bedeutet, dass Sie nicht anwesend sein werden, wenn ein Elternteil stirbt.

Sind Ihre Eltern bereits verstorben, scheint das nächtliche Schneiden der Nägel keinen weiteren Einfluss zu nehmen.

Vollmond

Bei Vollmond verwandeln sich manche Männer, die mit dem Teufel einen Pakt geschlossen hatten, vom Menschen in einen Werwolf.

> Übrigens: Ein Werwolf lässt sich durch einen Schuss mit einer Silber-
> kugel töten.

Wird ein Kalb mit Fehlbildungen geboren, wird es als ‚Mondkalb‘ bezeichnet. Der Mond nahm angeblich schädlichen Einfluss.

Hier versteckt sich allerdings das Wort ‚Mon‘ für ‚Ungeheuer‘.

Landung auf dem Mond und auf dem Mars

Beschäftigte im NASA-Kontrollzentrum knabbern Erdnüsse während auf Mond oder Mars die Landung des Raumkörpers vorgeht.

Durch das Essen der Erdnüsse soll die Landung gelingen. Dieses Vorgehen ist seit etwa 1964 bekannt.

Tödliches Sonnenlicht – Der Vampir

Ein Vampir ist ein blutsaugendes, ‚untotes' Wesen, das in der Regel nachtaktiv ist. Neben den Fledermäusen soll es auch Vampire in Menschengestalt geben.

Vielen ist Graf Dracula (Schloss Bran in Siebenbürgen) bekannt. Die Figur basiert auf einem Roman des irischen Schriftstellers Abraham ‚Bram' Stoker (1847 – 1912) aus dem Jahr 1897.

Ein Vampir wird uralt, ein paar hundert Jahre, ohne sein Aussehen zu verändern, sofern er das Sonnenlicht meidet. Deshalb verlässt er sein Schloss auch nur bei Dunkelheit. Tageslicht ließe ihn überschnell altern und er riskierte zu sterben.

Tagsüber schläft er, und zwar in einem Sarg.

Der Vampir ernährt sich von Menschenblut. Beim Biss haben die meisten ‚Opfer' das Gefühl, geküsst zu werden – nur ein klitzekleines Pieken auf der Haut. Zwei kleine rote Flecken bleiben.

Die Betroffenen werden nun ebenfalls zu unsterblichen Vampiren.

> Übrigens: Ein Vampir kann erstmalig nur dann eine Wohnung betreten, wenn er eingeladen wurde. Danach steht es ihm frei, zu kommen und zu gehen, wann immer er will.

Das Zeigen eines religiösen Symbols wie zum Beispiel eines Kreuzes oder das Hochhalten einer Bibel vertreibt den Vampir.

Gezeigtes Knoblauch hält den Vampir auf Distanz. Das Bespritzen mit Weihwasser kann dem Vampir böse Verletzungen zufügen, oder ihn sogar umbringen.

Wird ein Vampir enthauptet, wird ihm Knoblauch in den Mund gegeben, damit er nicht wiederkehrt. Ansonsten soll ihm ein Holzkeil durchs Herz gestoßen werden – am besten, während er schläft. Am einfachsten ist es, ihn dem strahlend hellen Sonnenlicht auszusetzen.

Die Kosmische Siebenheit der Planetenmetalle

Bestimmte Metalle werden nicht nur Himmelskörpern zugeschrieben, sondern auch bestimmten Kräften.

Obwohl die Metalle den sieben Himmelskörpern zugeschrieben sind, wurde damals unberücksichtigt gelassen, dass der Mond und die Sonne keine Planeten sind.

Der Schweizer Arzt Paracelsus (Theophrastus Bombast von Hohenheim, 1493/1494 – 1541) setzte die Metalle mit den Planeten in Kombination.

Die kosmische Siebenheit (gr. ‚hebdomas' für ‚Anzahl von sieben Tagen'):

Gold (Aurum)	Sonne	Lebenselixier Urkraft des Lebens	Gelenkbeschwerden, inneres Gleichgewicht, Sehkraft
Silber (Argentum)	Mond	Regeneration Unterbewusstsein	antibakteriell und entzündungshemmend, Schleimhäute
Kupfer (Cuprum)	Venus	Schönheit Harmonie	krampflösend, entspannend, Nierenprobleme
Eisen (Ferrum)	Mars	Willenskraft Impulsivität	Haarwachstum, Galle, Geruchssinn
Blei (Plumbum)	Saturn	Konzentration Geduld	Schmerzlinderung, Knochenbrüche, Zähne
Quecksilber (Mercurius)	Merkur	Flexibilität Kommunikation	Angespanntheit, Atmung, Verdauung
Zinn (Stannum)	Jupiter	Weitblick Entfaltungskraft	Gelenkprobleme, Schuppenflechte, Leber, Geschmackssinn

Vorahnung und Prophezeiung

„Häufig ist die Prophezeiung die Hauptursache
für das prophezeite Ereignis."
Thomas Hobbes, engl. Philosoph
(1588 - 1679)

„Ich habe es ja gleich gewusst!"

Das erzählte eine Bekannte:

„Ich war einmal mit einer Kollegin zusammen in Urlaub. Das hat aber überhaupt nicht geklappt, weil die Interessen zu verschieden waren. Ich kam nach Hause und wollte das meiner Mutter erzählen.

Da unterbrach mich meine Mutter und sagte: Bevor du erzählst, wie der Urlaub war, nenne eine Zahl zwischen 1 und 5. Als ich 3 bis 4 sagte, meinte sie: Hab ich's mir doch gedacht.

In der Küche hängt der Wandkalender an der Tür, den du von der Kollegin bekommen hast. Kaum, dass du weg warst, fiel er runter. Da wusste ich, dass dein Urlaub nicht so schön wird."

Immer wieder behauptet eine Person, bereits im Vorfeld eines Geschehens den Verlauf gewusst zu haben.

„Das hätte ich dir sagen können."

„Das habe ich sofort gesehen."

„Das wollte ich eben sagen."

Tatsächlich wird die ‚Vorhersage' erst anschließend – nach Schilderung – geäußert, sodass sich nicht mehr nachvollziehen lässt, ob das Geschehen tatsächlich vorher bekannt war.

Würde vermeintlich Gewusstes vorab geäußert, ließ sich manche Unannehmlichkeit vermeiden.

Die Prophezeiung, die sich selbst erfüllt

„Das habe ich sofort gesehen, dass der Typ ganz klasse zu dir passen würde", ruft die beste Freundin aus.

Die Freundin tut beschämt und versucht abzuwimmeln.

Tatsächlich braucht es nur maximal 7 Sekunden, in denen sich entscheidet, ob jemand sein Gegenüber sympathisch findet. In maximal nur 7 Sekunden!

Von diesen 7 Sekunden hängt häufig sehr viel ab; ein erfolgreich verlaufendes Verkaufsgespräch, ein optimales Vorstellungsgespräch oder ganz einfach auch nur eine positive Atmosphäre bei Mitmenschen im Beruf wie im privaten Bereich.

Diese Sekunden entsprechen dem – allerdings subjektiven – ersten Eindruck, den das Gegenüber vom Gesprächspartner erhält.

Eine zweite Chance zum ersten Eindruck gibt es nicht! Deshalb sind diese 7 Sekunden so außerordentlich wichtig.

Der Glücks-Golfball

Die Sozialpsychologin Jun.-Prof. Dr. Lysann Damisch führte im Jahr 2010 mehrere interessante Experimente mit Studierenden zu diesem Thema durch.

Die Studierenden wurden nach dem Zufallsprinzip in zwei gleichgroße Gruppen geteilt. Dann sollten sie Golf spielen.

Einer Gruppe wurde ein sogenannter ‚Glücks-Golfball' zum Spiel gegeben. Natürlich war das ein Golfball wie alle anderen auch, aber hier als Glücksball bezeichnet.

Die Gruppe mit einem ‚klassischen' Ball lochte im Schnitt fünf von zehn Bällen ein. Die Gruppe mit dem Glücksball schaffte im Schnitt sechs von zehn.

Vergleichbare Experimente, in denen die Studierenden einen Glücksbringer zu einem Test mitbringen durften, erzielten im Schnitt ebenso bessere Ergebnisse. Überraschend? Nein!

Denn genau das macht ja den Effekt der selbsterfüllenden Prophezeiung aus. Als Ergebnis kann festgehalten werden:

„Glauben Sie an Ihr eigenes Glück, dann erfahren Sie mehr positive Erlebnisse und Ergebnisse."

Es liegt demnach in Ihrer eigenen Hand, Ihr Leben – zumindest teilweise – zu bestimmen. Falls Sie die Einstellung haben sollten:

„Mir gelingt ja sowieso nichts", müssen Sie sich nicht wundern, wenn Ihnen weniger gelingt als anderen.

Drehen Sie diesen Gedanken einfach um! Sagen Sie:

„Mir wird das gelingen." Die Wahrscheinlichkeit steigt, dass Sie ein besseres Resultat erzielen werden.

Denken Sie negativ, gibt es ein negatives Ergebnis. Denken Sie positiv, wird das Ergebnis positiv sein.

Sprachformeln – „2 Dumme, ein Gedanke"

Kennen Sie diese Sprüche?

„Braune Augen sind gefährlich aber in der Liebe ehrlich."

„Grüne Augen Froschnatur, von der Liebe keine Spur."

„Blaue Augen Himmelsstern(e) küssen und posieren gerne."

Ob es stimmt, sollten Sie selbst herausfinden.

Zwei Personen sagen dasselbe Wort oder denken denselben Satz im selben Moment.

„Zwei Dumme, ein Gedanke!"

Das bringt Glück – die beiden leben noch eine ganze Weile zusammen. Zumindest – und das ist so gut wie garantiert – für mindestens ein weiteres Jahr.

Die Wahrscheinlichkeit ist hoch, dass die beiden sich gut kennen und ähnliche Gedanken austauschen. In bestimmten Situationen werden sie deshalb auch ähnlich denken.

Und tatsächlich: Manchmal wird im selben Augenblick dasselbe gesagt.

Was die Zukunft bringt

Wahrsagerei

„Ich gehe dann mal zur Wahrsagerin und lass mir die Zukunft sagen. Bis später." Gaby verabschiedet sich von ihrem Ehemann, voller Spannung auf die Information der Wahrsagerin.

Sie betritt den abgedunkelten Raum der Wahrsagerin. Alles ist schon ein bisschen unheimlich dekoriert. Das Licht ist etwas gedimmt, einige Kerzen sind angezündet. In der Mitte des Raums steht ein Tisch. Darauf wartet die Wahrheitskugel, eine Kristallkugel.

Die Wahrsagerin bittet den Ratsuchenden, Platz zu nehmen. Mit ihren Händen fährt sie vorsichtig um die Glaskugel, ohne sie zu berühren.

Langsam sind leicht verschwommene Bilder in der Kugel zu sehen. Die Wahrsagerin deutet die Bilder und Symbole so, dass der Ratsuchende verstehen kann und weiß, was ihm die Zukunft bringt.

Gut vorbereitete Ratsuchende haben sich schon zuvor einige Fragen überlegt, auf die sie erhoffte Antworten wünschen.

Mittlerweile gibt es sogar Wahrsagen online. Es wird sozusagen mit der Zeit gegangen.

Ob die Wahrsagerin wirklich in die Zukunft schauen kann, oder ob sie aus dem Verhalten der Rat suchenden Person einiges ablesen wird, sei dahingestellt. Durch geschicktes Fragen der Wahrsagerin erhält sie jedenfalls Informationen, die sie in ihren Deutungen widerspiegeln kann.

Hellseherei – Das Orakel von Delphi

Das Wort Orakel kommt aus dem Lateinischen ‚oraculum'. Darin versteckt sich das Wort ‚orare', das entweder ‚beten' oder ‚sprechen' bedeutet. Ein Orakel ist ein Götterspruch.

Verständlicherweise hat nicht jede Gottheit die Zeit, mit jedem Erdenbewohner zu reden. Sie hat anderes zu tun.

Will ein Erdenbürger nun in Kontakt mit einer Gottheit oder einem anderen Wesen treten, braucht er ein sogenanntes Medium.

Dieses Medium stellt dann den Kontakt her. Werden der Gottheit Fragen gestellt, antwortet diese mithilfe des Mediums.

Dummerweise werden die gegebenen Antworten manchmal recht schleierhaft oder verwirrend geäußert. Es liegt dann an dem Fragenden, die Antworten in seinem Sinne zu deuten.

Aus der Antike ist ein ganz berühmtes Orakel bekannt: Die Kultstätte von Delphi. Sie war dem Gott Apollon geweiht und galt lange Zeit als Mittelpunkt der Welt. Der Tempel des Apollon befand sich in der Nähe der Stadt Delphi.

Die Inschrift über dem Tempeleingang von Delphi lautete:

„Erkenne dich selbst."

Im Tempel selbst war das Medium anzutreffen.

Um zum Medium vorgelassen zu werden, musste eine Opfergabe an die beschützenden Priester des Mediums übergeben werden. Je großzügiger die Gabe, desto höher die Bereitschaft des Mediums ‚zu antworten'.

Das Medium war Pythia, eine Priesterin, die dem Fragenden im Auftrag von Apollon die Offenbarung verkündete.

Oft war der erhoffte Orakelspruch nicht eindeutig, sodass Ratsuchende am Ende der Prozedur ‚sich einen eigenen Reim' auf das Gehörte machen mussten.

Nostradamus

Nostradamus, der französische Apotheker Michel de Nostredame, lebte vom 14. Dezember 1503 bis zum 2. Juli 1566.

Wird sein Name erwähnt, lässt es vielen Menschen auch heute noch einen Schauer über den Rücken ziehen. Er soll ein berühmter und berüchtigter Zukunftsseher gewesen sein.

So ließ Caterina Maria de' Medici aus Florenz (1519 – 1589, die Ehefrau des französischen Königs Heinrich II., 1519 – 1559), Horoskope für ihre Kinder erstellen.

Es ist davon auszugehen, dass Nostradamus dieser Tätigkeit sehr gerne nachging – und sehr gut daran verdiente.

Außerdem schien Caterina diesen Horoskopen blind zu glauben und vermutlich Nostradamus anzuhimmeln.

Immer wieder wird behauptet, dass Nostradamus' Voraussagen ,irgendwie' eingetroffen sind und noch heute gültig wären.

Werden seine Vorhersagen genau gelesen ist schnell zu erkennen, dass viele Angaben recht schwammig gehalten werden. Sie könnten demnach stimmen oder auch nicht.

Nachgewiesen ist allerdings auch, dass viele seiner konkreten Vorhersagen niemals in dieser Form stattfanden.

Traumdeutung

Die Traumdeutung, die Oneirologie (gr. ‚Oneiros' gleich ‚Traum'), wurde vom österreichischen Arzt Sigmund Freud (1856 – 1939, Begründer der Psychoanalyse) regelrecht professionalisiert. Er ging davon aus, dass sich aus Träumen Rückschlüsse auf Erlebtes ziehen lassen.

Beispielsweise: Im Traum bedeutet ein Tod die Geburt einer Person. Träumen Sie von einer Geburt, bedeutet es hingegen Tod.

Allerdings hat der Tod im Traum noch eine andere, wichtige Bedeutung. Es geht etwas zu Ende im Sinne von: Es wird etwas abgeschlossen. Ein Problem ist noch unverarbeitet. Haben Sie also keine Angst davor, vom Tod zu träumen.

Symbol	Bedeutung
Tod	Jemand wird geboren.
	Oder: Ein Vorgang wird abgeschlossen.
Geburt	Jemand stirbt.

Hier zwei weitere Beispiele:

Treppen steigen: Eine Entscheidung steht an. Sie sollten ebendiese treffen. Steigen Sie nach oben, dann entscheiden Sie mit der linken, rational arbeitenden Hirnhälfte.

Steigen Sie hingegen nach unten, dann lassen Sie Ihrem Bauchgefühl oder Ihren Emotionen Vortritt.

Treppen steigen nach oben	Rationale Entscheidung
Treppen steigen nach unten	Emotionale Entscheidung

Frei Fliegen: Das ist ein schönes Gefühl, über allem hinwegzufliegen. Es wirkt beruhigend, von weit oben das Kleine unten zu sehen.

Aber: Wollen Sie Ihren Problemen entfliehen? Überlegen Sie einmal, ob eine Entscheidung getroffen werden muss. Wenn ja, stellen Sie sich dieser.

Frei fliegen	Einem Problem entfliehen.
Erdbeere	Ein Liebesabenteuer steht an.
Magenbeschwerden	Noch nicht verarbeitetes Problem.
Zähne, gesunde	Erfolg stellt sich ein.
Zahn, wackelnd	Misserfolg droht.
Prüfung	Eine Entscheidung muss getroffen werden.

Zu mehr oder weniger jedem Traumsymbol gibt es Deutungen.

Manchmal kommt es darauf an, was genau im Traum mit dem Symbol gemacht wird, um das Geträumte eindeutig deuten zu können.

Schlafen Sie gut und träumen was Schönes!

Kartenlegen

„Ich sehe einen Mann, der in Ihr Leben eintreten wird …"

So beginnt die Kartenlegerin ihre Erklärung der gegenüber sitzenden Kunden.

Auch das Kartenlegen, Kartomantie, ist eine Kunst im Bereich des Aberglaubens, weshalb hier von der Kartenlegekunst (Chartomantik) gesprochen wird. Wollen Sie etwas angeben, können Sie ein Fremdwort benutzen: Nämlich Kartomantie.

Sie können ein übliches Skatblatt verwenden oder auch die mit schönen Bildern bemalten Tarot-Karten (ein Satz von 78 Karten). Die eingesetzten Karten werden dann als Wahrsagekarten oder Wahrsagerkarten bezeichnet.

Der Ratsuchende nimmt am Tisch gegenüber dem Kartenleger Platz. Dieser mischt den Kartensatz ordentlich und legt dann nach und nach einige Karten aus.

Je nachdem, in welcher Reihenfolge die Karten gezogen werden und welche Karte neben welcher liegt, lassen sich aus den Karten verschiedene Deutungen ableiten.

Der Kartenleger kann nun auf Ereignisse rückschließen, auf das, was den Gast bewegt oder auf seine Ängste. Daraus folgend kann auch angedeutet werden, was die Zukunft bringen könnte.

Lesen von Kaffeesatz

In hiesiger Kultur fast in Vergessenheit geraten ist die Fähigkeit, aus dem Kaffeesatz zu lesen. Diese Methode nennt sich Kaffeedomantie. Angeblich stammt sie vom Florentiner Thomas Tamponelli. Er soll Ende des 17. Jahrhunderts gelebt haben.

Sie wollen wissen, was Ihre Zukunft bringt, ohne dabei einen Wahrsager zu bemühen? Ganz einfach: Bereiten Sie sich einen starken Mokka oder einen Espresso zu.

Der Kaffee selbst spielt beim Lesen im Kaffeesatz keine Rolle, wohl aber der Kaffeesatz.

Deshalb trinken Sie den Kaffee erst einmal in aller Ruhe aus. Vergessen Sie nicht, dreimal vorher umzurühren. Lassen Sie aber einen kleinen Rest Kaffee mit dem Satz in der Tasse zurück.

Mehrere Deutungen sind möglich.

- Erste Möglichkeit: Schütten Sie den Kaffeesatz auf einen flachen Teller.
  Rühren Sie mit Ihrem Finger den Kaffeesatz um, solange dieser noch feucht ist. Welche Bilder ergeben sich? Diese werden gedeutet.
- Zweite Möglichkeit: Geben Sie den Kaffeesatz auf einen Teller und warten Sie, bis dieser trocken ist.
  Rühren Sie in den Resten, bis möglichst die komplette Tellerfläche bedeckt ist. An manchen Stellen sind mehr Körner, an anderen weniger. Daraus ergeben sich Schattierungen, die wiederum ein Muster ergeben und gedeutet werden können.
- Dritte Möglichkeit: Geben Sie den Kaffeesatz in eine weiße Tasse. Decken Sie die Kaffeetasse mit einer Untertasse ab und drehen beide zusammen um.
  Warten Sie einen Moment, bis der Rest des Kaffeesatzes in der Tasse getrocknet ist. Die entstandenen Formen beziehungsweise Figuren oder Muster sind dann zu deuten.

Der Kaffeesatz hat sich nun an verschiedenen Stellen gesammelt.

Kaffeesatz ...	Hinweise ...
... auf dem Tassenboden	... zur Persönlichkeit
... auf Innenrand der Tasse	... zu Wünschen
... am Tassenrand	... auf die Zukunft

Hier ein kleiner Auszug an Deutungsmöglichkeiten:

Kreuz	Unglück, jemand will Ihnen schaden.
Ecke	Hindernis
Blume	Erfolg
Fisch	Erfolg, Geld
Wolke	Beruflicher Erfolg
Schlange	Hinterlist
Träne	Verlust
Baum	Gesundheit
Viele Bäume	Schwierigkeiten sind zu erwarten.

Ist der Kaffeesatz gleichmäßig verteilt, lässt sich eine Ausgewogenheit annehmen. Es besteht kein Grund zur Besorgnis. Der ungleichmäßig verteilte Kaffeesatz sagt das Gegenteil aus.

Übrigens: „Kalter Kaffee macht schön!"

Handlesen

Das Lesen in der Hand beziehungsweise aus der Hand ist eine Kunst. Deshalb wird hier auch von Handlesekunst gesprochen.

Das Fremdwort hierzu heißt Chiromantie oder Chiromantik. Wie so vieles kommen auch diese Begriffe aus der griechischen Sprache. ‚Cheír' ist die Hand, ‚manteía' die Weissagung, also die Weissagung aus der Hand.

Der Handleser kann einmal aus der Form der Hand selbst und vor allem auch aus den Linien in der Handinnenfläche Rückschlüsse auf Veranlagungen und Schicksale ziehen oder deren zukünftige Ereignisse vorhersagen.

Nicht umsonst heißt es:

„Das Schicksal liegt in deiner Hand."

Diese Linien werden auch als Handlinien bezeichnet. Hier gibt es beispielsweise die Lebenslinie, die Herzlinie, die Kopflinie und die Schicksalslinie.

Die Linien können gerade oder geschwungen sein, aufwärts oder abwärtsgekrümmt, in Wellenform oder mit Ausbuchtungen nach oben und unten. Die Art der Linie und die Länge haben dann für das Handlesen eine Aussagekraft.

Beispielsweise soll die Kopflinie etwas über Kreativität und Intelligenz aussagen. Ist sie tief ausgeprägt, wird eine hohe Intelligenz und ein gutes Erinnerungsvermögen angenommen. Eine deutliche Verästelung nach oben spricht für Kreativität.

Verläuft die Linie sehr geradlinig, sollte sie zu einem rational denkenden Menschen gehören.

Pendeln

Über einer festen Platte wird ein Pendel aufgehängt. Genau gesagt handelt es sich hier um ein siderisches Pendel, abgeleitet aus dem lateinischen ‚Sidus‘ gleich ‚Stern‘ und ‚pendere‘ gleich ‚hängen‘.

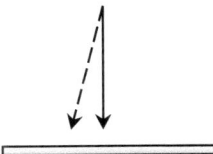

An einer Schnur hängt ein wenige Zentimeter langer, schwerer, kegelförmiger Metallkörper. Ersatzweise kann auch ein Gewicht aus Edelsteinen verwendet werden.

Das Gewicht zeigt mit der Spitze nach unten auf die Platte. Das Pendel ist aufgehängt oder wird von dem Fragenden in der Hand gehalten.

Die Ratsuchenden, die sich mit Hilfe des Pendelns Fragen beantworten lassen wollen, nehmen um die Platte mit dem aufgebauten Pendel Platz.

Es wird jetzt von einer Pendelsitzung gesprochen.

Auf der Platte selbst befinden sich Felder für ‚Ja‘ und ‚Nein‘. Manchmal auch die Buchstaben des Alphabets oder Felder mit vorgegebenen Antworten. Das Pendel wird ganz ruhig über den Mittelpunkt der Platte gehalten.

Nun wird laut die Frage gestellt.

Das Pendel fängt an zu schwingen

Die Ratsuchenden werden sehen, dass sich das Gewicht des Pendels langsam hin- und herbewegt. Das Feld, auf das das Pendel deutlich hinschwingt, zeigt die Antwort auf die gestellte Frage.

Sinnvollerweise werden die Fragen so eindeutig gestellt, dass das Pendel auf das entsprechende Feld zeigen kann. Beispiele:

„Werde ich Kinder haben?“

Mögliche Antwort „Ja" oder „Nein".

„Wie viele Kinder werde ich haben?"

Eine Antwort kann nicht erfolgen, falls auf der Platte keine Felder mit Zahlen vorgegeben sind.

Ist der Pendelausschlag objektiv, neutral und ,richtig'? Der Ratsuchende ist der festen Meinung: ja. Der kritisch Denkende kommt zu einem anderen Ergebnis. Seiner Meinung nach kommt es zu einem interessanten Effekt.

Der Carpenter-Effekt

Dieser Effekt heißt Carpenter-Effekt, benannt nach dem englischen Naturwissenschaftler William Benjamin Carpenter (1813 – 1885), der diesen Effekt erstmals beschrieb. Carpenter fand heraus, dass die Armmuskeln das Pendel in die erhoffte, in die gedachte Richtung ausschlagen lassen.

Durch die Augenbewegung in die gewünschte Richtung wird der Muskel entsprechend (unbewusst) aktiviert.

Der Ratsuchende erhält das Ergebnis, das er sich erhofft. Einerseits ist er über den Pendel-Hinweis verblüfft.

Andererseits ist er sehr erfreut, da seine Hoffnung bestätigt wird. Er fühlt sich durch das Pendeln bestätigt und vertraut auch in Zukunft diesem Ergebnis.

Okkultismus

Okkultismus (lat. ,occulere', für ,verbergen, verheimlichen'; ,occultus' für ,geheim, verborgen') ist die Lehre von übersinnlichen Kräften und Erscheinungen.

Durch Okkultismus entstehen viele Verschwörungsgeschichten.

Das Omen

Ein Omen ist ein Vorzeichen (lat. ‚omen' gleich ‚Vorzeichen, Vogelschau').
Die Vorzeichen können Gutes oder Böses bedeuten.

Der Flug von Vögeln, das ungewöhnliche Verhalten von Tieren (zum Beispiel vor einem Erdbeben), manchmal schwarze Hunde (als Anzeichen einer Depression), bestimmte Wolkenformatierungen oder Unwetter, Kometenflüge und anderes können Vorboten für die Zukunft sein.

Wird von einem Menetekel gesprochen, droht ein gewaltiges Unheil.

Ein farbenprächtiger Regenbogen kann ein gutes Omen sein, ein Aufziehendes Gewitter ein schlechtes.

Die schwarze Katze von links gehört zu den bösen Omen.

Die Beschädigung der Galionsfigur auf einem Schiff ist/war ein ganz böses Omen.

„Das ist ein schlechtes Omen."

„Nomen est Omen." („Der Name ist ein Zeichen")

Der Name verrät gewisse Charaktereigenschaften, die dann mit der Person verknüpft werden. So haben in hiesiger Kultur Personen mit den Vornamen Chantal oder Kevin manchmal zu kämpfen, seriös betrachtet zu werden.

Glückskekse

Nicht unerwähnt sollen die Glückskekse bleiben. Sie wurden in Japan erfunden, nicht in China, wie meist angenommen wird. Aus einem zuckerhaltigen Waffelteig wird eine kleine Gebäcktasche in Schiffchen-Form gebacken.

Vorher wird ein schmaler Papierstreifen in die Tasche gegeben, der mit einem Spruch bedruckt ist.

Nach dem Essen wird der Glückskeks geöffnet und der Spruch mit Lebensweisheiten und Informationen für die nahe Zukunft gelesen.

Schutzwirkung und Gegenzauber

„Sünder und böse Geister scheuen das Licht der Welt."
Johann Christoph Friedrich von Schiller, dt. Dichter
(1759 - 1805)

Auf Holz klopfen – Aberglaube an Bord

Das dreimalige Klopfen auf Holz checkt ab, ob dieses Holz morsch ist und damit die Gefahr des Brechens oder Einbrechens besteht. Betritt ein Matrose ein Schiff, klopft er dreimal an den hölzernen Mast, um den Zustand des Schiffes beurteilen zu können.

Ergibt sich ein heller Ton bedeutet das, dass das Holz trocken ist und keinerlei Gefahr des Brechens besteht. Ist der Ton aber dunkel, lässt sich auf feuchtes Holz rückschließen, was Gefahr bedeuten kann.

Grubenarbeiter klopften ebenfalls an einen Stützbalken im Stollen, um eine mögliche Einsturz-Gefahr zu erkennen.

Aus der früheren Schifffahrt ist überliefert, dass das Wort ‚Schwein' an Bord nicht ausgesprochen werden sollte, da dieses schlechtes Wetter heraufbeschwören könnte.

Interessanterweise soll hin und wieder ein Schwein an Bord gewesen sein, das aber nicht zum Verzehr gedacht war.

Es wurde ihm nachgesagt, dass böse Geister durch die Anwesenheit des Schweins beruhigt würden und es nicht zu bösartigen Stürmen kommen sollte. Das Schwein hatte Glück, denn es wurde nicht verzehrt. Ein Glücksschwein?

Die Schiffstaufe

Nach wie vor wird bei einer Schiffstaufe (auch Schiffsweihe oder Schiffssegnung) von einem weiblichen Ehrengast (keine Rothaarige), nämlich der sogenannten Taufpatin, eine Flasche Sekt oder Champagner gegen den Bug des Schiffes geworfen, wo sie zerschellen soll. Dann stehen die Fahrten des Schiffs unter einem guten Vorzeichen.

Die Schiffstaufe findet unmittelbar vor dem Stapellauf statt. Bei der dabei stattfindenden Taufrede wird das Schiff auf einen (meist) weiblichen Namen getauft, unter deren Namen das Schiff nun beschützt auf die Jungfernfahrt gehen kann.

Sollte die Flasche beim ersten Werfen nicht zerschellen, wird der Vorgang so lange wiederholt, bis die Scherben fliegen. Klar, dass das Schiff nun nicht unter dem allerbesten Stern segelt.

Damit das möglichst nicht passiert, werden die Sektflaschen manchmal etwas angesägt. Dem Glück kann unauffällig nachgeholfen werden …

Da das grandiose Kreuzfahrtschiff RMS Titanic als unsinkbar galt, wurde auf die Schiffstaufe verzichtet. Die Folge wird den meisten bekannt sein: Nach dem Rammen eines Eisberges sank die Titanic auf ihrer Jungfernfahrt am 14. April 1912 – 1.495 Tote.

Übrigens: An einem Freitag wird nicht in See gestochen. Der Donnerstag ist wegen drohender Donner, Blitzen und Gewitter auch nicht so gut. Am besten sonntags in See stechen.
Eine harmonische und glückliche Seereise steht bevor.
Manche werfen beim Ablegen eine Münze über Bord, um eine risikofreie Fahrt – und Rückkehr – zu ermöglichen.

Ist ein Schiff einmal getauft, hat es eine eigene Seele. Der Name des Schiffs soll nicht geändert werden – auch beim Weiterverkauf – es würde Pech bedeuten.

Galionsfigur

Am Bug des Schiffes gab/gibt es ein Galion, eine Art Balkon oder Vorbau. Die dort befestigte Figur heißt Galionsfigur.

Diese Galionsfigur stellt die Seele des Schiffes dar. Speziell früher waren oft Figuren mit einem Tierkopf zu finden.

Einem möglichen Gegner sollten Angst und Schrecken eingejagt werden. So sah das Ruder- oder Segelschiff aus wie ein über die Wellen rasendes Seeungeheuer, das nicht angegriffen werden sollte.

Das wirkte noch ungeheuerlicher, waren am Bug auch noch Augen aufgemalt, um einem möglichen Bösen Blick standzuhalten.

Neben Tierköpfen wurden gerne Frauenfiguren als Galionsfigur verwendet. Sie sollten die Wellen beschwichtigen und eine sichere Fahrt zum Hafen gewährleisten. Die Galionsfigur wurde somit zur Schutzpatronin und war als Talisman überaus wichtig für die Seeleute.

Die Beschädigung oder Zerstörung der Figur galt als böses Omen und signalisierte großes Unglück. Die Galionsfigur musste auf jeden Fall gesichert und schnellstmöglich wiederhergestellt werden, um das Schiff vor Unglück zu bewahren.

Klabautermann

Neben dem Schwein fuhr ein nicht sichtbarer Klabautermann als Schutzpatron mit. Er beschützte die Matrosen, soweit es ihm möglich war. Er wies die Schiffsleute sogar darauf hin, wo Verbesserungen vorzunehmen waren. Er warnte die Besatzung, wenn Unglück drohte. Die Seeleute hatten nichts gegen einen Klabautermann an Bord einzuwenden.

Pfeifen Sie nicht auf einem Schiff, zumindest nicht mit dem Mund. Das verärgert nur den Klabautermann – und bringt Sturm auf.

Das Pfeifen fordert nämlich einen Wettkampf mit dem Wind heraus. Ihm allein ist das Pfeifen vorenthalten. Pfeift jemand anderes, wird der Wind zornig. Deshalb riskiert der Pfeifende einen unheilvollen Sturm.

Sollte der Klabautermann allerdings einmal sichtbar werden, drohte dem Schiff und der Besatzung ganz großes Unglück. Denn er verließ das Schiff und bekanntlich ist das das sichere Zeichen dafür, dass das Schiff in Kürze unterginge.

Übrigens: „Frauen an Bord bringen Unglück", so sagten die Seeleute früher. Das hatte mit dem zu erwartenden Neid untereinander zu tun, wenn eine Frau und viele männliche Matrosen plötzlich in einem geschlechtsbedingten Wettbewerb zueinanderstanden.
Damit es zu diesen Streitigkeiten erst gar nicht kommen konnte, waren Frauen an Bord nicht erlaubt.

Äquatortaufe

Die ‚gute' Seite des Schiffes ist die rechte Seite. Deshalb liegt die Kammer, die Kapitänskajüte, an der Steuerbordseite.

Zur generellen Sicherheit und zur Vertreibung böser Geister wurde zu früheren Zeiten eine Haifischflosse an den Klüverbaum (das ist das über den Bug hinausragende Rundholz) genagelt. Die Flosse sollte Kraft und Schnelligkeit auf das Schiff übertragen. Folgten Haifische dem Schiff, konnte das ein böses Omen sein. Delfine hingegen waren und sind gern gesehene Begleiter.

Begegnen den Seefahrern unterwegs Möwen, Sturmvögel oder gar Albatrosse, grüßen die Seelen ertrunkener Seeleute.

Manchmal taucht ein Geisterschiff auf, das ohne Menschen an Bord ziellos über die Meere ‚geistert'.

Überquert ein Reisender oder ein Besatzungsmitglied das erste Mal den der Äquator, erfolgt die Äquatortaufe (auch Linientaufe, Neptuntaufe).

Es liegt nur wenige Jahrhunderte zurück, dass das Überfahren des Äquators sehr großen Mut voraussetzte, war doch die Menschheit der festen Überzeugung, dass die ‚Scheibenwelt' am Äquator endete und ein Absturz drohte.

Der gezeigte Mut wurde/wird durch die Taufe verstärkt. Deshalb mussten/durften Seefahrer und Reisende eine ‚Äquatortaufe' über sich ergehen lassen.

Der Täufling wurde mit stinkenden Flüssigkeiten eingerieben und anschließend vom Wassergott Neptun (einem Bediensteten oder gar vom Kapitän) mit Wasser gereinigt, mit ‚Meerwasser getauft'. Natürlich wird eine Urkunde verliehen.

Vergleichbares gibt es beim Überqueren des Polarkreises, nämlich die Polartaufe.

Kreuzfahrt

Das riesige Kreuzfahrtschiff ähnelt einer Kleinstadt, mit dem auf dem Wasserweg sehenswerte Orte angesteuert werden.

Gehen Sie an Bord des Schiffes, wird dieses mit dem rechten Fuß zuerst betreten.

Keine Bananen mit an Bord bringen. Nicht nur wegen möglicher Rutschgefahr. Es könnte nämlich eine giftige Spinne, die sich in einer Bananenhand versteckt, auf das Schiff kommen. Das wiederum könnte Verletzung oder Tod eines Passagiers bedeuten.

Grüne Kleidung an Bord – nein, bitte nicht. Die grüne Kleidung ist dem mächtigen Gott des Meeres, Neptun, vorbehalten. Nur er kleidet sich grün. Die grüne Kleidung eines Passagiers könnte er als Affront ansehen, was zu heftigem Unwetter führen könnte.

Echte Blumen an Bord werden nach wenigen Tagen verwelken. Sie zeigen das Vergehen der Zeit und damit den Tod. Ein Passagier würde sterben.

Aus ähnlichem Grund wird ungern ein Pastor oder ein Priester an Bord gesichtet.

Zigaretten anzünden – der Dritte muss sterben

Ein letztes Beispiel zu den Matrosen. Wer seine Zigarette an einer offenen Kerze anzündet, erreicht, dass irgendwo auf der Welt ein Matrose stirbt. Das muss natürlich nicht sein. Was steckt dahinter?

Seeleute, die nicht auf Fahrt waren, mussten sich auf irgendeine Art ihren Lebensunterhalt verdienen. So verkauften sie Kleinigkeiten, zum Beispiel Streichhölzer.

Zündet jemand eine Zigarette statt mit einem Streichholz lieber an einer Kerzenflamme an, wurde das Streichholz nicht verkauft und damit der Lebensunterhalt des handelnden Matrosen eingeschränkt. Auf Dauer musste er verarmen und schließlich sterben.

Im Krieg

Im Ersten Weltkrieg wurde gesagt: Soldaten, die im Gefechtsgraben aus-harrten, sollten auf keinen Fall Zigaretten für drei Personen hintereinander anzünden. Der dritte Raucher verlöre sonst sein Leben.

Weshalb war das so? Der Soldat hinter der gegnerischen Linie sah das Aufflammen des Streichholzes beim ersten Soldaten.

Wurde dann die zweite Zigarette angezündet, hat er sein Gewehr angelegt und gezielt.

Beim dritten Aufleuchten schoss er. Deshalb traf es den dritten rauchwilligen Soldaten.

Gegenzauber – „Toi, toi, toi"

„Ich möchte es nicht beschreien, aber ..."

Wird heutzutage etwas beschrien, besteht die Gefahr, dass sich das Gesagte ins Gegenteil wendet. Dann wird schnell dreimal auf Holz geklopft.

Häufig kommt dann auch noch die Aussage „Toi, toi, toi" dazu, um sozusagen als Gegenzauber zu wirken. Dieser Spruch könnte übersetzt werden mit:

„Es möge gelingen".

Jedenfalls hilft er, Geister zu beschwichtigen. Woher dieser Ausspruch kommt, ist nicht ganz geklärt. Eine Quelle gibt an, dass hier eine Art Verballhornung des Teufels gemeint ist. „Toi" soll lautmalerisch die erste Silbe des Wortes ‚Teufel' bedeuten.

„Toi, toi, toi" könnte demnach übersetzt werden mit „Teufel, Teufel, Teufel". Das Gute lässt sich beschwören, wenn das Böse geäußert wird.

> Übrigens: Bekanntlich soll der Tag nicht vor dem Abend gelobt werden.

Schutzwirkung verstärken

Da ja niemand genau wissen kann, wie stark die neidischen Geister wirklich sind, können positive Gesten oder Aussagen verstärkt werden, wenn sie kombiniert sind.

Konkret heißt das, dass jemand auf Holz klopft, dreimal ein Spucken auf den Boden andeutet (Richtung linke Schulter!) und zusätzlich das Wort „unberufen" ausspricht.

Gegebenenfalls hilft es auch, drei Kreuze zu schlagen. Das hat eine übersinnliche Wirkung und hilft, vermutete Angriffe von Geistern abzuwehren. Segler wünschen sich zum Beispiel „immer eine Hand voll Wasser unter dem Kiel".

Es bedeutet, dass dem Segler Glück gewünscht wird. Vergleichbar gilt der Wunsch „Mast- und Schotbruch". Das Gegenteil wird erwartet.

Glück im Spiel – Pech in der Liebe

Ein Grüppchen Wohlgelaunter sitzt beim Würfelspiel zusammen. Luca ist an der Reihe.

Luca nimmt die Würfel auf und pustet auf sie. Dann führt er die Würfel in beide hohlgeformten Hände, die eine Art Kugel bilden. Jetzt schüttelt er mit den Händen die Würfel. Dann lässt er die Würfel auf das Spielbrett springen.

Hat ihm das Pusten Glück gebracht?

Drei Mal auf den Spielwürfel pusten oder spucken – das soll Glück bringen. Heißt es dann, dass Pech in der Liebe folgt? Oder hat der glücklich Verliebte automatisch Pech beim Spiel?

Beobachten Sie eifrige Spieler an Casinotischen, an denen Würfel zum Einsatz kommen, ist hin und wieder das (trockene) Spucken zu beobachten. Die Würfel werden in die Hand genommen, vielleicht schon mal gemischt und dann wird drei Mal trocken auf die Würfel oder die Faust, die die Würfel hält, gespuckt, bevor sie auf den Spieltisch geworfen werden. Dann sollen die Würfel idealerweise einen guten Wert anzeigen.

Manche geben der charmanten Begleitung vor dem Wurf der Würfel und dem Setzen von Spielchips einen Kuss oder sie legen ihre Spielchips immer in einer bestimmten Ordnung vor sich aus.

Andere kreuzen beim Roulette die Finger, bevor die Kugel im Kessel aufgefangen wird. Aber Achtung: Nicht die Beine kreuzen! Eingestrichene Gewinne werden selbstverständlich nicht am Tisch gezählt! Es folgen dann keine Gewinne mehr.

Dass die Glückssträhne nicht unterbrochen werden soll, scheint naheliegend. Vielleicht genügt es auch, rote Unterwäsche zu tragen, um dem Glück auf die Sprünge zu helfen.

Übrigens: Pfeifen oder Singen am Spieltisch soll dem Spieler und den Mitspielern am Tisch Pech bringen. Pech im Spiel.

Kraft der Steine

„Wer sagt, die ganze Welt sei schlecht, der hat wohl nur so ziemlich recht."
Heinrich Christian Wilhelm Busch, dt. Schriftsteller
(1832 - 1908)

Talisman

Wie so vieles stammt das Wort Talisman aus dem Griechischen. ‚Télesma'
heißt übersetzt ‚geweihter Gegenstand'. Die Ursprünge des Talismans gehen bis nach Mesopotamien zurück.

Der Talisman kann ein Bild sein, ein ausgedruckter Text, ein kleiner,
greifbarer Gegenstand oder Vergleichbares. Die Hauptaufgabe des Talismans ist, Glück zu bringen. Meistens trägt der Besitzer den Talisman bei
sich. Manchmal bewahrt er ihn zu Hause auf.

So, nun könnten Sie ja irgendetwas als Talisman bezeichnen. Aber nein,
denn es handelt sich ja ‚eigentlich' um ‚geweihte' Dinge.

Und weiterhin ist der Talisman für eine bestimmte Person (angefertigt)
und wird ausschließlich von dieser besessen. Das bedeutet, dass der Talisman keine Wirkung mehr erzielt, wenn er einem anderen übergeben
wird.

Manchmal nehmen es die Menschen nicht ganz so ernst. Sie machen sich
dann selbst etwas zum Talisman. Beispiele gibt es hierzu genügend.

Wird beim Wettkampf erneut gewonnen, bringt der Sportler den Gewinn
mit dem Talisman in Zusammenhang. Mit jedem Gewinn wird der Talisman wertvoller.

Maskottchen

Das Wort Maskottchen kommt aus dem Französischen ‚mascotte' beziehungsweise aus dem Provenzalischen ‚masca' und bedeutet ‚Hexe'.

Dabei handelt es sich um einen kleinen Glücksbringer, zum Beispiel ein
Püppchen oder ein Tierchen. Steht Ihnen eine Prüfung bevor, nehmen
Sie doch einfach ein Maskottchen mit.

Viele Menschen haben hier ein kleines Stofftierchen, das sie dann auf ihrer Arbeitsfläche platzieren.

Oder sie tragen es am Schlüsselbund mit, haben es an der Tasche oder einem Kleidungsstück angebracht.

Übrigens: Bei vielen sportlichen Veranstaltungen, wie auch bei den Olympischen Spielen, tritt ein Maskottchen auf.
Solch ein besonderes Maskottchen kann dann locker die Größe eines Menschen erreichen.

Häufig legen sich Unternehmen ein sympathisch wirkendes Maskottchen zu. Diese Figur soll das Unternehmen nach außen hin erkennbar machen. So ist das Maskottchen nicht nur ein Glücksbringer, sondern tritt als Teil der Werbung für das Unternehmen auf.

Besucher lassen sich gerne mit dem Maskottchen fotografieren.

Amulett

Das Wort Amulett leitet sich vom lateinischen Wort ‚amuletum' ab. Im Gegensatz zum Talisman wird das Amulett am Körper getragen, damit es dort seine abwehrende Wirkung entfalten kann. Es dient zur Abwehr von Gefahren, Krankheiten, magischen Kräften, Bösen Blicken und vergleichbaren unangenehmen Dingen.

Der Talisman soll Glück bringen, das Amulett soll Gefahren abwehren. Amulette können sein: Halbedelsteine, Teile von Lebewesen wie Zähne oder Krallen, Ringe Verstorbener, Metallschmuck, Münzen und vieles andere mehr.

In den meisten Kulturen zählen religiöse Symbole zu Amuletten. Im christlichen Glauben sind es zum Beispiel Kreuze oder Reliquien. Die alten Ägypter trugen einen Skarabäus, das ist ein Glückskäfer, als Schmuckstück bei sich.

Korallenast

Die rosafarbene Koralle hat einen verästelten Wuchs. An einem Ende wird sie eingefasst, sodass sie an einer Kette getragen werden kann.

Sie soll Schutz in vielfältiger Form ausüben. Kinder sollen körperlich gerade aufwachsen und keine Missbildungen erleiden. Die Koralle wird gegen Verletzungen getragen. Im Fall des Falles soll sie dafür sorgen, dass Blut gestillt wird. Und schließlich dient sie zum Schutz vorm Bösen Blick.

Mojo

Menschen, die dem Voodoo-Kult (auch Voudou, Wudu, Wodu) anhängen, tragen ein magisches Amulett namens Mojo. Ursprünglich waren diese im westlichen Afrika üblich und sind über den Sklavenhandel nach Nord- und Mittelamerika eingeführt worden. Schwerpunktmäßig ist der Voodoo-Kult heute noch in karibischen Staaten zu finden.

Das Mojo ist ein kleiner Stoffbeutel, der mit geheimem Pulver und Kräutern oder anderen verzauberten Dingen gefüllt wird. Um den Hals getragen, schützt das Mojo vor negativen Einflüssen.

Glückssteine

Glückssteine/Horoskopsteine, sogenannte Halbedelsteine, werden als Schmuck verarbeitet (in Ketten, als Ohrschmuck oder Armreif) oder glatt geschliffen und lassen sich gut in der Hosen- oder Jackentasche mitführen.

Bei Bedarf werden sie leicht berührt und schon sollen sie ihre Wirkung entfalten.

Bernstein

Stellvertretend steht hier der Bernstein, der gegebenenfalls eingefasst als Schmuck, Anhänger, Ohrhänger und so weiter mitgeführt wird. Er sorgt für eine ausgelassene Stimmung und beugt depressiven und melancholischen Gedanken vor.

Hier ein kleiner Auszug. Der Stein soll bei den folgenden medizinischen Problemen helfen:

Achat blau	*Beschwerden im Mittelohr, Zahnschmerzen*
Achat grün	*Knieschmerzen*
Achat rot	*Nierenfunktionsstörungen. Allen Achaten gemeinsam ist, dass sie vor Blitzeinschlag schützen sollen.*
Amethyst	*Stress, Migräne und Alkoholsucht*
Aquamarin	*Erkrankungen der Atemwege, Augenleiden*
Aventurin	*Hautprobleme*
Bergkristall	*Kopfschmerzen, Gliederschmerzen*
Bernstein	*Hauterkrankungen, Rheuma, Gicht*
Citrin	*Allgemeine Beschwerden*

Falkenauge	Augenprobleme
Granat	Blutkreislauf, Herzprobleme, Schwermut
Hämatit	Gestörter Blutkreislauf
Jade	Innere Unruhe
Karneol	Durchblutungsstörungen, Blutungen
Katzenauge	Sehnenschmerzen
Lapislazuli	Nervenerkrankung
Malachit	Innere Unzufriedenheit, Koliken, Gliederschmerzen
Mondstein	Unausgeglichener Hormonhaushalt
Moosachat	Nieren-, Blasen-, Darmprobleme
Onyx	Hautprobleme, Augenleiden
Opal	Depressionen. Den Stein aber nicht verschenken, da er Feindschaft zwischen Schenkenden und Beschenktem bringt.
Rauchquarz	Gelenkerkrankungen
Rosenquarz	Herz- und Kreislaufprobleme
Tigerauge	Kopfschmerzen
Türkis	Schwindel
Turmalin	Innere Unruhe

Edelsteine

Auch die Edelsteine haben besondere magische Kräfte, sodass der Schenkende, durch die Wahl des Edelsteins beziehungsweise der Edelsteine, seine Gefühle für den Beschenkten ausdrücken kann.

Der Träger kann sich vor allerlei Krankheiten oder Übergriffen von bösen Geistern schützen.

Die Steine werden in einem Schmuckstück getragen: Ring, Kette, Ohrschmuck, Anhänger, Uhr und so weiter.

Diamant

Der Klassiker von allen ist der kristallklare Diamant, der durch seine klare Reinheit und seine Unzerstörbarkeit ebenso die Beständigkeit der Ehe symbolisiert.

Der Diamant macht den Menschen stark und (fast) unbezwingbar.

Der glänzende Diamant blendet Dämonen und schützt damit vor deren Boshaftigkeiten. Er hilft sogar gegen Gift und gegen den Bösen Blick!

> Übrigens: Der Diamant an einem Ring muss an der linken Hand getragen werden, um seine Kräfte voll zu entwickeln.

Rubin

Mit seinem tiefen Rot wehrt der Rubin alle Widrigkeiten wie Streit ab. Der Rubin schützt vor Demütigungen.

Er vertreibt nebenbei die Schwermut und lindert Leid und Kummer. Glücklicherweise schützt er den Träger auch vor Hexereien aller Art.

Saphir

Mögen Sie eher ein strahlendes Blau? Dann wählen Sie den Saphir. Neben der beruhigenden Farbe gilt der Stein als Beschützer der ehelichen Tugenden.

Er macht fröhlich und hilft, Traurigkeit zu vertreiben. Außerdem schützt er vor Hass und Neid.

> Übrigens: Sollte das strahlende Blau in ein trübes übergehen, soll der Träger untreu geworden sein.

Smaragd

Schließlich gibt es noch den Smaragd mit seinem dunklen Grün. Er sorgt – zumindest wird ihm das nachgesagt, für die Festigung der Treue und fördert die Leidenschaft.

Der Smaragd soll ungeahnte Kräfte entwickeln und den Träger (auch nur fast) unbesiegbar machen. Er unterstützt das Gedächtnis und schärft den Blick.

Erkrankt jemand schwer, können Sie einen Smaragd auf das Herz des Erkrankten legen. Sollte der Smaragd zerspringen, dann wird der Erkrankte bald sterben müssen.

Weiß – Rot – Blau – Grün

Es zeigt sich, dass nicht nur Metalle, sondern auch Steine eine ‚machtvolle' Ausstrahlung haben.

Manch einer mag behaupten, alles sei nur Humbug. Ein Stein ist ein Stein, egal wie edel er ist.

Trotzdem lässt sich eine gewisse Faszination der Steine nicht leugnen. Sie genießen eine gewisse Ausstrahlung und lassen den Eigentümer und den Betrachter beeindrucken.

Vielleicht helfen die Steine ja doch für oder gegen das eine oder andere.

Bekanntlich versetzt der Glaube Berge. Weshalb sollte der Glaube nicht dazu beitragen, Steinen Kräfte zuzuordnen?

So oder so, Steine – Halbedelstein und Edelsteine – sind optisch schön und können Menschen in Begeisterung (oder in Neid) versetzen.

Rituale

Das Wort Ritual stammt aus dem Lateinischen ‚ritualis‘ und bedeutet ‚den Brauch betreffend‘.

Das Ritual folgt genau definierten Schritten und Abläufen und verläuft nach strengen Verhaltensregeln. Manchmal führt das zu einem feierlichen Tun, das von allen Beteiligten streng eingehalten wird.

Dabei genießen die einzelnen Handlungen, manchmal mit bestimmten Wortformeln oder festgelegten Gesten begleitet und damit verstärkt, in verschiedenen Lebensbereichen einen hohen Symbolgehalt.

Wird nicht jede Kleinigkeit eingehalten, ist beispielsweise der sportliche Sieg sofort gefährdet.

Viele Sportler zeigen sich sehr abergläubisch, speziell kurz vor dem Wettkampf oder auf dem Weg dorthin.

So haben Sie bestimmt schon von Sportlern gehört, die zu einem Sportereignis immer dasselbe Kleidungsstück tragen. Immer dieselbe Unterwäsche, dieselben Schuhe, dieselben Schienbeinschoner oder irgendetwas anderes, was bereits einmal getragen wurde, als sich ein sportlicher Erfolg einstellte.

Schnüren Sportler ihre Schuhe, muss zuerst der rechte geschnürt werden.

Manche betreten die Sportstätte zuerst mit dem rechten Fuß.

Interessant: Viele (Männer-)Teams akzeptieren keine Frau im Mannschaftsbus auf dem Weg zum Wettkampf.

Pferdesport

Wird ein Pferd gekauft, soll immer etwas mitgekauft werden, was zum Pferd gehört. Zum Beispiel das Halfter.

Daher stammt der Begriff Halftergeld, das dem (Stall-)Knecht – nicht dem Verkäufer – als ‚Draufgabe‘, als Trinkgeld gegeben wurde. Das Halftergeld bestärkt den Kaufvertrag und soll Glück bringen.

Das Pferd erhält einen Pferdenamen. Der Anfangsbuchstabe ist meistens identisch mit dem Anfangsbuchstaben des Namens des Vaterhengstes. Der Pferdeliebhaber gibt seinem Pferd beim Kauf keinen anderen Namen, um Krankheiten und Unfälle mit dem Pferd zu vermeiden.

Schon die Farbe des Fells lässt den einen oder anderen Käufer eines Pferdes seine Entscheidung beeinflussen. Rappen (schwarz), Brauner (braun), Fuchs (rötlich, bräunlich) und Falben (grau, gelblich) scheinen in Ordnung, beim Schimmel (weiß) ist aufzupassen.

Feen und Könige reiten gerne auf einem Schimmel, da die Farbe Weiß für Reinheit und Gerechtigkeit steht. So zeigen Aufzeichnungen und Bilder, dass die englische Königin Elisabeth I. (1533 – 1603) im August 1588, in weißem Samt gekleidet auf einem weißen Pferd, ihren Truppen eine überzeugende Rede (Tilbury-Rede) hielt, als die spanische Armada drohte, in England einzufallen.

Ein Pferdeliebhaber mag die Fellfarbe Weiß einer kritischeren Betrachtung unterziehen. Ein weißer Fuß ist in Ordnung. Bei zwei oder drei weißen Füßen am besten verschenken. Vier weiße Füße – ja nicht kaufen. Nicht nur, dass das Pferd immer krank sein soll, soll es auch (bei Sportpferden) Unglück bringen.

Dem Turnierpferd werden Turnierzöpfe vor dem Turnier geflochten. Manche behaupten, es muss unbedingt eine gerade Anzahl von Zöpfen sein, andere behaupten, auf jeden Fall eine ungerade Zahl.

Offensichtlich ist sich die Pferde-Fachwelt hier nicht einig. Hauptsache: Zöpfe.

> Übrigens: Stroh im Schweif oder der Mähne muss direkt entfernt werden. Es bringt sonst Unglück.

Teil 4 –
Geisterstunde

Geisterstunde, die Welt der Geister

Mitternacht – ein neuer Tag erwacht

Es hat 12:00 Uhr Mitternacht geschlagen. Die 24 Stunden des Tages sind vorbei.

Die Geisterstunde hat begonnen.

Nun wird es gefährlich, da eine Stunde lang Geister, Tote und andere unerwünschte Wesen wie Hexen oder gar der Teufel selbst ihre Runden drehen und ihr Dasein genießen.

Eine Stunde lang können die Verstorbenen wieder zurück auf die Erde kommen – aber nur als Geist.

Dummerweise ist das genau die Zeitspanne, in der gewisse Kräuter gesammelt werden können, denen heilende Kräfte nachgesagt werden.

Walpurgisnacht

Eine Ausnahme zur Geisterstunde macht die Nacht vom 30. April auf den 1. Mai. Es ist die Walpurgisnacht (auch Hexenbrennen oder Hexenfeuer genannt).

Sie verdankt ihren Namen der heiligen Walpurga (auch Walburga, Walpurgis, die etwa 710 – 779/780 lebte), eine englische Äbtissin. Sie wurde am 1. Mai 870 heiliggesprochen.

Immerhin war sie eine Tochter des (christlichen) Königs von Wessex.

Ihr werden zahlreiche Wundertaten zugeschrieben. Sie gilt als Schutzpatronin und vertreibt böse Geister.

Der Hexensabbat

In derselben Nacht reiten die Hexen auf Besen und toben sich einmal so richtig aus.

Der Brocken im Harz ist bekannt für diese Zeremonie. Deshalb werden die Hexen auch Brockenhexen genannt.

Der Ritt beziehungsweise der Flug zum Veranstaltungsort ist der Hexenflug. Und was machen die Hexen dort, außer wie wild zu tanzen? Sie begehen den Hexensabbat.

Das ist der Teufelstanz. Und wenn es ganz hoch hergeht, tanzen jetzt sogar die Hexen mit dem Teufel höchstpersönlich.

Auch bei diesem Tanz geht es ,rund'. Immerhin wird mit dem Teufel durch das Feuer getanzt.

Übrigens: Hexen bekommen kein Hexenschuss.

Parallelwelt der Geister – Hausgeister

Neben den vielen bösen Geistern gibt es glücklicherweise auch gute Geister. Wo können Geister denn überhaupt vorkommen?

Wie es der Name schon sagt, leben Hausgeister im Haus, in der Regel unter den Schwellen der Zimmertüren.

Das ist mit ein Grund, weshalb beim Betreten der Räume nicht auf die Türschwelle getreten werden soll. Deshalb wird auch die frisch Geheiratete von ihrem Ehepartner über die Schwelle getragen.

Ein Hausgeist ist meist nicht besonders gefährlich, richtet manchmal aber kleinen Schaden an, wenn er Schabernack treibt.

In der Regel ist er allerdings als Schutzgeist zu betrachten. Er wacht über das Haus beziehungsweise die Wohnung und passt auf, dass dem Bewohner nichts passiert.

Genau genannt gibt es auch Zimmergeister, die nur für einen bestimmten Bereich der Wohnung zuständig sind.

Plagegeist

Da Ihnen der Hausgeist in der Regel nichts Böses will, sollten Sie nett mit ihm umgehen.

Wenn Sie ihn ärgern, kann es sein, dass er Ihnen in Zukunft auf die Nerven geht. Er wandelt sich dann zum Plagegeist (nicht zu verwechseln mit dem menschlichen Quälgeist).

Wenn Sie Pech haben, treibt ein Poltergeist sein Unwesen. Es pocht und klopft dann immer mal wieder im Haus.

Hausgespenst

Dem Hausgespenst wird nachgesagt, dass es sich um einen früheren Bewohner des Hauses handelt, der keinen inneren Frieden gefunden hat.

Der Hausgeist ‚lebt' demnach in seinem früheren Haus. An sich bereitet er dem neuen Bewohner keine Sorgen, da er ihm aus dem Weg geht.

Manchmal passiert ihm ein Missgeschick. Beispielsweise stößt er etwas um und lässt dadurch ein Geräusch entstehen. Oder ein Vorhang bewegt sich leicht, ein Kerzenlicht flackert und Ähnliches.

Für den aktuellen Bewohner wird das Ganze meist etwas unheimlich, vor allem dann, wenn er zufällig einen Blick auf das Hausgespenst erhascht.

> Übrigens: Manchmal wird sogar von dienstbaren Geistern, also von Dienstgeistern gesprochen.

Kobold

Der Kobold lebt allein im Haus, allerdings nicht mehr unter einer Türschwelle, sondern in einer versteckten Ecke. Er hilft seinem Bewohner unauffällig.

Allerdings kann er sich nicht verkneifen, den Menschen manchmal zu necken.

Er spielt kleine Streiche, die keinen großen Schaden anrichten. Er freut sich höllisch, wenn der Mensch auf seine Streiche hereinfällt.

Wichtel

Im Gegensatz zum Single-Leben des Kobolds leben Wichtel in Gruppen zusammen. Sie haben ein menschenähnliches Aussehen, sind aber deutlich kleiner als der Mensch.

Sie helfen dem Menschen bei den täglichen Arbeiten, ohne dass dieser zwangsläufig etwas merken muss. Bemerkt er die Reinigungsarbeiten, kann er rückschließen, dass wohlgesonnene Wichtel ihm bei der Arbeit helfen.

Werden die Wichtel gesehen, verlassen sie das Haus und suchen ein neues Heim.

Sie kehren nicht mehr zurück.

Heinzelmännchen

Bekannt sind die fleißigen Heinzelmännchen von Köln, die nachts, wenn die Bürger schliefen, die liegengebliebene Arbeit der Kölner verrichteten und sogar deren Handwerk erfüllten. Ihnen zu Ehren gibt es in Köln den Heinzelmännchenbrunnen in der Nähe des Doms.

Wie immer gab es einen Haken an der Geschichte. Die Heinzelmännchen wollten unbedingt unbeobachtet arbeiten. Wie das so ist, sind Menschen neugierig.

So wird berichtet, dass die äußerst neugierige Ehefrau des Schneiders eines Nachts die Arbeit der Heinzelmännchen beobachten wollte. Sie streute heimlich Erbsen auf die Treppe, um die Heinzelmännchen beim Eintreffen zu hören.

Es kam, wie es kommen sollte: Die Heinzelmännchen purzelten nacheinander die Treppe hinunter und Ruck-Zuck verschwanden sie alle verärgert auf Nimmerwiedersehen.

Seitdem müssen die Kölner ihre Arbeit wieder selbst verrichten. Dumm gelaufen.

Flaschengeist

Der Flaschengeist wohnt, wie es sein Name verrät, in einer Flasche. Der Bewohner kann den Flaschengeist sehen, wenn er ihn aus der Flasche bittet oder befiehlt. Menschen und Flaschengeist können in menschlicher Sprache miteinander kommunizieren.

Der Flaschengeist hat dem Bewohner lebenslang zu dienen. Jeder Wunsch wird bedingungslos erfüllt. – Halt! Bei manchen Flaschengeistern darf jeder Wunsch nur einmal geäußert werden.

> Übrigens: Manche Leute behaupten, dass eine auf Gespenster geworfene Gebetskette die ungewollten Wesen vertreiben würde..

Elementargeist – Naturgeister

Im Gegensatz zum Hausgeist lebt der Naturgeist, wie es sein Name schon ausdrückt, im Freien.

Erdgeister, Wassergeister, Luftgeister und Feuergeister tragen den übergeordneten Namen Elementargeister.

Hier zeigen sich die vier Elemente Erde, Wasser, Luft und Feuer, die auch in Horoskopen oder bei Glückssteinen wiederzufinden sind.

Waldgeist – Erdgeist

Die Waldgeister sind eher scheue und von ihrem Erscheinungsbild dem Menschen ähnlich.

Bekannt sind Gnome, Wichte (nicht Wichtel), Trolle, Irrwische, Feen, Baum- und Waldelfen. Weiter zählen zu diesen Elfen der Gott der Natur und des Waldes, der Faun (der Faun beziehungsweise der Faunus ist männlich, Fauna ist die Frau).

„Du hast drei Wünsche frei", lächelt die gute Fee einladend.

Was soll ich mir wünschen, mag sich mancher Befragter jetzt überlegen. Mit welchen drei Wünschen lässt sich ‚am meisten rausholen'?

Die Fee bleibt nur kurze Zeit sichtbar, da sie sich unsichtbar machen kann.

Sollten Sie das Glück haben, eine Fee sehen zu können, werden Sie feststellen, dass sie immer hübsch, jung und edel ist, sowie eine positive Stimmung ausstrahlt. Sie tut dem Menschen Gutes.

Aber Achtung: Es gibt auch die böse Fee, die schicksalhaft eingreifen kann. Dummerweise kann eine Fee nicht die Zauberkraft einer anderen aufheben.

> Übrigens: Die Wetterfee ist menschlich – sie kündigt in den Medien das Wetter an. Die Lottofee verkündet die gezogenen Lottozahlen.

Eine ganz besondere Fee gibt es noch: die Zahnfee.

Legt das Kind einen ausgefallenen Milchzahn unter sein Kopfkissen, kommt nachts die gute Zahnfee und tauscht den Milchzahn gegen ein kleines Goldstück.

Schrat

Der Schrat findet sich in verschiedenen Gruppierungen wieder. So gibt es den Bachschrat, den Waldschrat, den Wiesenschrat. Seine Benennung offenbart bereits seinen Wohnort.

Die Narren in Süddeutschland verkleiden sich anlässlich der Fastnachtsumzüge gerne als Schrat.

Troll

Wer einmal Norwegen, Schweden, Dänemark oder Island besuchte, wird dort mit nicht zählbaren Trollen konfrontiert. Die meisten Trolle scheint es in Norwegen zu geben.

Diese ähneln im Aussehen dem Menschen, sind meist kleiner als dieser. Sie haben eine lang gezogene Nase und eine wilde Frisur. Sehr häufig tragen sie einen Buckel. Auffallend ist, dass sie nur vier Zehen beziehungsweise vier Finger haben.

Es gibt gute und bösartige Trolle. Generell wird ihnen eine schwächere Intelligenz unterstellt, um nicht zu sagen, Trolle seien dumm.

Die meisten Trolle leben in Höhlen, in Wäldern, abseits der Menschen. Sie erreichen übrigens ein hohes Alter, gerüchteweise können einige sogar über 1.000 Jahre alt werden.

Wassergeist

Überall wo es nass wird, sind die Wassergeister zu Hause. Die Meerjungfrauen sind allgemein bekannt, Nixen und Nymphen ebenso. Die weiblichen Wassergeister werden auch Undinen genannt.

Sie schützen die Lebewesen im Wasser. Aufpassen: Nicht nur im fließenden, sondern auch in stehenden Gewässern, wie in Tümpeln oder Pfützen, ja sogar in Regentropfen sind diese Geister anzutreffen.

Die Meerjungfrau (auch Seejungfrau) erkennen Sie an ihrem (natürlich) ansprechenden Oberkörper. Bevor Sie sich in sie verlieben, schauen Sie, ob der untere Teil des Körpers nicht in einer schuppigen Fisch-Schwanzflosse endet.

Die verlockende Meerjungfrau hat keine Seele. Nur wenn sie ein menschliches Wesen findet, das sich in sie verliebt, kann sie von ihrem Schicksal befreit werden und eine Seele bekommen.

In Kopenhagen befindet sich das Denkmal der kleinen Meerjungfrau, der dieses Glück nicht beschert war. Der auserwählte junge Prinz erwiderte die Liebe nicht (nach der Erzählung des dänischen Dichters Hans Christian Andersen, 1805 – 1875).

Die meisten Bewohner vergessen nicht, der einsam auf einem Stein im Wasser sitzenden Meerjungfrau einen Besuch abzustatten.

Eine Nixe ist für einen Menschen gefährlicher. Sie betört beziehungsweise verführt manchmal durch wunderschönen Gesang die Männer, die sich in sie verlieben – und dann von der Nixe auf den Grund des Gewässers gezogen werden.

Das bedeutet unweigerlich den Tod des Verliebten. Optisch sind die Nixen kaum von den Meerjungfrauen zu unterscheiden, sofern sie auch eine Fischflosse tragen.

Die sterblichen Wasser-Nymphen haben die Gestalt einer jungen Frau. Der Mensch kann sie kaum identifizieren. Das ist kein Problem, denn die Nymphe hilft dem Menschen unauffällig.

Luftgeist

Die einen Geister leben im Wasser, die anderen in der Luft. Diese Geister betreuen eine wichtige Aufgabe – sie passen auf das Wetter auf. Sie schauen, dass sich Wind und Wolken richtig bewegen.

So bleibt das Wetter an den meisten Tagen angenehm für die Menschen. Langweilen sich die Luftgeister, vertreiben sie sich die Zeit mit Unfug. So lassen sie manchmal aus einer Laune heraus ein heftiges Unwetter aufleben.

Sie freuen sich dann über die vor dem Unwetter kreuz und quer flüchtenden Menschen und erfreuen sich über das Chaos, dass sie anrichten.

Luftgeister sind auch unter dem Namen Sylphen geläufig.

Feuergeist

Nach Erde, Wasser und Luft, fehlt noch eine Gruppe, um die Kategorie der Elementargeister zu vervollständigen. Das sind die ungeheuerlichen Feuergeister.

Wie es der Name sagt, sind Feuergeister für Wärme, Hitze und Feuer zuständig. Zu ihnen zählen Lindwürmer (althochdeutsch ‚lint‘ gleich ‚Schlange‘) und Drachen.

Drachen sind aus vielen Erzählungen bekannt. Sie können sich aufgrund ihrer Größe und ihrer Erscheinung nicht so leicht verstecken, wie zum Beispiel die Luftgeister.

Außerdem flößen sie wegen ihres Aussehens den Menschen Angst ein. Können Sie Feuer spucken, besitzen sie eine gefürchtete Zerstörungskraft.

Deshalb versuchten über Jahrhunderte hinweg Drachentöter die Feuergeister zu vernichten. Ob ihnen das gelungen ist?

Immerhin treten wieder und wieder verheerende Waldbrände auf. Sind die Feuergeister dafür verantwortlich?

Totengeister

Totengeister sind keineswegs tot. Sie ‚leben' in ihrer Art und Weise.

Von den Totengeistern gibt es eine ganze Menge. Sie sind an verschiedener Stelle anzutreffen. Manchmal wird auch von einem Gespenst oder von einem Dämon gesprochen.

Beispielsweise gibt es den wichtigen Friedhofswächter, ein Geist, der über Friedhofsgräber wacht und die Gräber der Verstorbenen vor unerwünschten Eindringlingen schützt.

Speziell nachts ist der Friedhofswächter sehr aufmerksam. Dann ist die Zeit, wenn sich Jugendliche, früher genannt ‚Halbstarke', mutig auf den Friedhof wagen, um ‚dummes Zeug' zu machen.

Auch wird aufgepasst, dass keine Gräber geschändet werden.

Manchmal wird auf Friedhöfen von ärmlichen Hungergeistern berichtet. Das sind die Geister einiger Verstorbenen. Im Leben zeigten sie Habsucht und waren sehr eifersüchtig.

Ihre Strafe nach dem Tod: ein ewiges Hungergefühl.

Zuletzt sei in dieser Gruppe noch der Todesengel genannt, der den Verstorbenen ins Jenseits begleitet.

Geisterwelt im Schlaf

Der Mensch denkt, gefahrlos und glücklich zu schlafen und etwas Schönes zu träumen. Falsch gedacht! Bekanntlich sind Geister auch nachts unterwegs.

Und hier muss die Aufmerksamkeit auf außerordentlich unangenehme Typen gelenkt werden.

Einfahr-Geist und Aufhock-Geist

Einmal sind das die sogenannten Einfahr-Geister (Incubus oder Inkubus, pl. Incui beziehungsweise Inkubeni) und andererseits die Aufhock-Geister (Succubus, Sukkubus, Sukkuba, pl. Succubi).

Leider führen diese Geister nichts Gutes im Schilde. Im Gegenteil: Sie werden übergriffig und vergehen sich extrem in sexueller Form am unbedarften Menschen.

Die Einfahr-Geister paaren sich mit der schlafenden Frau, ohne dass sie etwas davon mitbekommt. Sie fahren sozusagen in den Körper der Frau ein.

Stellt sich später heraus, dass die Frau ohne Zutun schwanger wird, glaubt ihr keiner.

Zweitgenannte hingegen stehlen den Samen des schlafenden Mannes. Weder die Frau noch der Mann bekommt etwas von diesem Vorgehen mit.

Es ist kein Mensch bekannt, der einen Geist aus dieser Gruppe je gesehen hätte. Nur die Folgen sind manchmal zu betrauern und bedauern.

Geisterschiff

Ein Grüppchen Gutgelaunter ist auf einem erholsamen Segeltörn unterwegs. Am Horizont taucht plötzlich ein eigenartiges Schiff auf. Beim Annähern bemerken die Segler, dass niemand auf dem Deck des Schiffs zu erkennen ist.

Das einsame Schiff sieht stark heruntergekommen aus. Es scheint sich lautlos auf der glatten Wasseroberfläche in eine bestimmte Richtung zu bewegen.

Es ist ein herrenloses Geisterschiff. Möglicherweise sind nicht erkennbare Geister an Bord.

Auf dem Meer herumirren

Wilhelm Richard Wagner (1813 – 1883) beschreibt in seiner 1843 uraufgeführten Oper ‚Der fliegende Holländer‘ einen mächtigen Geist auf dem Ozean.

Kapitän Daland (als Vorbild diente der niederländische Kapitän Bernard Fokke) versuchte vergeblich, bei schwerem Sturm das Kap der Guten Hoffnung am südlichen Zipfel Afrikas zu umsegeln.

Es gelang ihm nicht. Er schrie, fluchte und tobte. Es nutzte ihm nichts.

Im Gegenteil: Er wurde dazu verdammt, auf Ewigkeiten auf den Weiten des Meeres herumzuirren. Er durfte/konnte keinen Hafen ansteuern, wo er in Ruhe hätte sterben können. Diese Lösung war ihm auf ewig missgönnt.

Glücklicherweise findet sich Senta, die sich in den Kapitän verliebt. Da die beiden nicht zusammenkommen können, stürzte sie sich vom Felsen in die Fluten und der Kapitän hinterher.

Tragisch, aber: Die Liebe zueinander löste den Fluch auf.

Den Seglern auf ihrem Törn schadet die unheimliche Begegnung nicht. Sie meinen zwar auf dem vorbeigleitenden Geisterschiff einen ihnen zuwinkenden Geist gesehen zu haben – aber vielleicht war es nur eine optische Täuschung.

Geisterfahrer

Der Geisterfahrer ist ein Falschfahrer. Er findet sich immer mal wieder zum Beispiel in der Gegenrichtung auf der Autobahn. Dort fährt er gegen die vorgeschriebene Fahrtrichtung.

Manchmal dauert es eine Weile, bis er seinen Irrtum erkennt. Da auf der Autobahn mit hoher Geschwindigkeit gefahren wird, ist sein Verhalten höchst gefährlich. Schwerste Verkehrsunfälle können die Folge sein.

Radfahrer, die in entgegengesetzter Richtung auf dem Radweg unterwegs sind, werden auch als Geisterradler bezeichnet.

Auch wenn ihr Verhalten sträflich ist, handelt es sich nicht um Geister, sondern um lebende Personen, die sich ‚geisterhaft' verhalten.

Gespenst oder Geist?

Oft werden die Bezeichnungen Gespenst oder Geist gleichwertig verwendet.

Es gibt auch den vagen Versuch der Unterscheidung.

So soll ein Gespenst Selbstbewusstsein besitzen. Es ist sich seiner selbst bewusst. Das Schlossgespenst weiß ob seiner Erscheinung und seines Schrecken auslösenden Anblicks.

Ob ein Naturgeist seiner selbst bewusst ist, ist nicht in allen Fällen ganz klar. Weiß ein Feuergeist, dass er ein solcher ist?

Auch die Frage der Sterblichkeit zieht keine klaren Grenzen. Ganz grob lässt sich annehmen, dass ein Gespenst unsterblich ist, so wie das Schlossgespenst.

Bei den meisten Geistern wird angenommen oder ‚berichtet', dass sie irgendwann ‚ihren Geist aufgeben' – und somit ihr Dasein verlieren, also sterben.

Manchmal werden Menschen als Gespenst bezeichnet (Schreckgespenst) oder einem Geist gleichgesetzt (Geisterfahrer).

Egal ob Gespenst oder Geist – der Aberglauben schafft beiden die Möglichkeit, ins Leben der Menschen einzudringen.

Teil 5 – Verliebt, verlobt, verstorben

Alle Jahre wieder

Der wiederkehrende Jahresablauf

> *„Wenn es Silvester schneit, ist Neujahr nicht weit."*
> **Heinrich Christian Wilhelm Busch, dt. Schriftsteller**
> *(1832 - 1908)*

Bauernregeln

Bauernregeln sind sogenannte Volkssprüche, die sich oft auf das Wetter beziehen und einen deutlichen Einfluss auf die Landwirtschaft haben.

- Ist Dreikönig (6. Januar) hell und klar, gibt's guten Wein im neuen Jahr.
- Hat der Valentin (14. Februar) Regenwasser, wird der Frühling noch viel nasser.
- Gibt's im März viel Regen, bringt die Ernte wenig Segen.
- April, April, der macht das, was er will.
- Aprilwetter und Kartenglück, wechseln jeden Augenblick.
- Mairegen bringt Segen.
- Wenn Barnabas (11. Juni) bringt Regen, so gibt es auch viel Traubensegen.
- Wenn der Juli fängt zu tröpfeln an, so wird man lange Regen hab'n.
- Im Juli will der Bauer lieber schwitzen, als untätig hinterm Ofen sitzen.
- Stellt im August sich Regen ein, so regnet's Honig und guten Wein.
- Geht Barbara (4. Dezember) im Klee, kommt's Christkind im Schnee.
- Weihnacht im Schnee – Ostern im Klee.

Übrigens: Kräht der Hahn auf dem Mist, ändert sich das Wetter oder es bleibt wie es ist.

In den April schicken – „April, April"

Seit 1618 werden Menschen ‚in den April geschickt'. Der Scherz sollte und soll lustig sein und niemand soll verletzt werden.

Wichtig ist, dass anschließend alle lachen können, auch derjenige, der ‚hereingelegt' wurde. Er wurde dann zum ‚Narren gehalten'. Ist der Scherz erkannt oder wird er aufgelöst, erfolgt begleitend der Ruf „April, April!".

Sogar die Medien beteiligen sich daran, ihre Lesenden, Zuschauenden oder Zuhörenden in den April zu schicken. Mit teilweise wirklich lustigen und sehr gut aufgemachten Nachrichten, die auf den ersten Blick nicht als Aprilscherz erkannt werden.

Nach religiösen Überlieferungen wurde am 1. April der Teufel vom Himmel in die Hölle geschickt.

Der Teufel war zuvor der Erzengel Luzifer (Lichtträger, Leuchtender), der im Himmel aufbegehrte und deshalb in die Hölle auf eine bestimmte Zeit verbannt wurde.

Wissende sind der Meinung, dass Luzifers Verbannung mittlerweile abgelaufen sei. Daher gibt es auch die Sekte der Teufelsanbeter.

Möglicherweise geht dieser Brauch auf die Quirinalia zurück. Es war bei den alten Römern ein Kultfest zu Ehren des Kriegsgottes Quirinus und wurde am 17. Februar eines jeden Jahres begangen.

Das Fest ist unter dem Namen ‚Festival der Narren' überliefert.

Scherze, die am 1. April wohlwollend aufgenommen werden, sind sonst das Jahr über unangebracht. Jemand könnte sich veralbert fühlen und gekränkt reagieren.

Also: Bis zum 1. April warten.

Der Maibaum

Nach wie vor gibt es den Brauch, auf dem Dorfplatz oder Marktplatz einen Maibaum aufzustellen. Dieser steht als Symbol für die Fruchtbarkeit der Natur.

In der Nacht brennt das Maifeuer, auch Hexenfeuer (wen wundert's?) genannt, natürlich, um die bösen Geister zu verscheuchen.

Tanz um den Maibaum

Der Maibaum wird am 1. Mai oder am Vorabend auf einem zentralen Platz im Dorf oder Stadtteil aufgestellt, begleitet von festlicher Musik und anschließendem Tanz in den Mai.

In großer Prozedur wird der Baum vorher auf den Festplatz transportiert.

Unabhängig davon gibt es in vielen Regionen Deutschlands den Brauch, dass unverheiratete Männer ihrer Angebeteten heimlich in der Nacht zum 1. Mai einen schön geschmückten (oft mit buntem Krepppapier) Maibaum, den sogenannten ‚Liebesmaien' (meistens eine Birke) vor das Fenster stellen.

Neben dem Schmuck steht oft auf einer Karte, eventuell in Herzform, der Name der Frau geschrieben, gegebenenfalls auch ein kleiner Liebesspruch. Der Baum wird fest angebunden, um ein Umfallen zu verhindern. Dort muss er immerhin einen Monat überstehen.

Am 1. Juni holt der junge Mann ihn wieder ab. Nun geschieht Folgendes: Entweder erhält er vom Vater der Angehimmelten eine Kiste Bier oder er wird zum Essen eingeladen. Die erste Alternative mag verlockend klingen, bedeutet aber, dass die junge Frau nichts von dem Mann wissen will. Im zweiten Fall ergibt sich die Chance für ein näheres Zusammenkommen.

Interessanter Hinweis: Alle vier Jahre, nämlich immer in einem Schaltjahr, stellen die jungen Frauen ihrem angebeteten Mann einen Maibaum vors Fenster. 2024, 2028, 2032, 2036 und so weiter. Die Chance für Sie, liebe Leserin.

Weihnachten und die Rauhnächte

Hängen Sie in der Weihnachtszeit Mistelzweige über der Haustür oder oben am Türrahmen auf. Küssen sich zwei Unverheiratete unter einem Mistelzweig, werden sie ein glückliches Paar.

Die Rauhnächte (auch Raunächte oder Rauchnächte) sind zwölf besondere Nächte. Diese werden auch als Zwölfte, Glöckelnächte, Innernächte oder Unternächte bezeichnet. Es gibt zwei Zeiträume, die – je nach Brauchtum – diesen Nächten zugeordnet werden:

- entweder vom 21. Dezember bis zum 2. Januar
- oder vom 25. Dezember bis zum 6. Januar.

Eine besondere Rolle spielen die vier Nächte:

- 21./22. Dezember (Thomasnacht)
- 24./25. Dezember (Heiligabend)
- 31. Dezember/1. Januar (Silvesternacht)
- 5./6. Januar (Nacht auf Dreikönig).

Die Nacht des 21. Dezember, die Thomasnacht, ist die längste Nacht des Jahres. Sie ist dem ungläubigen Apostel Thomas, einem der zwölf Apostel Jesu, gewidmet.

In den Rauhnächten und besonders in den vier genannten Nächten ziehen Geister und Dämonen durch die Lande und treiben ihr Unwesen. Da passiert einiges.

Die wilde Jagd – der Geisterzug

In diesen Nächten zieht nämlich besagter Geisterzug durch die Städte und die Dörfer, genauer gesagt durch die Lüfte.

Furchteintreibendes Geschrei ist zu hören. Es wird geheult, gejammert und gestöhnt.

Mit dabei sind Verstorbene, die ‚vor ihrer Zeit' ihr Leben lassen mussten. Es handelt sich demnach (überwiegend) um Personen, die einen ‚unnatürlichen' Tod erleiden mussten.

Der Geisterzug ist nicht nur gräulich anzuhören, sondern auch anzu-schauen. Passen Sie auf! Wer zu fasziniert hinschaut, gerät in den Bann des Geisterzugs und muss dann mit diesem fortziehen.

Was können Sie am besten gegen diese Gefahr tun? Bleiben Sie in Ihrer Wohnung und schauen Sie nicht aus dem Fenster, wenn Sie annehmen, dass der Geisterzug vorbeizieht. Sicherheitshalber könnten Sie Ihr Haus mit Weihrauch ausräuchern.

> Übrigens: Jetzt ist auch klar, dass manchmal gesagt wird „du musst nicht den wilden Mann spielen".

Zwischen den Jahren – die aufgespannte Wäscheleine

Die Tage nach Weihnachten und vor Neujahr werden als Tage ‚zwischen den Jahren' bezeichnet. In diesen Tagen ist Gott Wotan mit seinem acht-beinigen Hengst Sleipnir unterwegs. Mit rasender Geschwindigkeit reitet er durch die Landschaft beziehungsweise durch die Luft.

Bliebe sein Pferd mit den Beinen an einer aufgespannten Wäscheleine hängen, würden beide stolpern. Klar, dass dies kein glücklicher Augen-blick wäre. Und schon gar nicht für denjenigen, der die Wäscheleine ge-spannt hat.

Und da ja dummerweise auch die wilde Jagd unterwegs ist, sollten Sie tunlichst keine Wäsche aufhängen. Wäsche aufhängen bringt Tod und Krankheiten. Auf keinen Fall ein Betttuch, Handtuch oder Tischtuch auf-hängen.

Sie riskieren sonst, dass Geister der wilden Jagd solch ein Tuch mitneh-men, das im Laufe des Jahres als Leichentuch verwendet würde. Und zwar für den Besitzer – also für Sie. Vielleicht auch ‚nur' für jemanden aus der Verwandtschaft.

> Übrigens: Ihre Träume in den Rauhnächten gehen alle in Erfüllung.

Silvester

Der letzte Tag des Jahres hat begonnen. Freudige Erwartungen zum Jahreswechsel lassen die Stimmung ansteigen. Menschen, die sich mögen, tauschen Kleinigkeiten aus – in der Familie oder bei Besuchen. Das war schon bei den ‚alten' Römern so.

Zu den Kleinigkeiten gehören das vierblättrige Kleeblatt, das Glücksschweinchen im Allgemeinen aus Marzipan oder eine Schornsteinfegerfigur mit einem Glückspfennig oder einem Glückscent.

Diese Glücksbringer können auch gemalt, ausgeschnitten oder andersartig gebastelt sein. Das Symbol der Sektflasche oder die Flasche gleich selbst, darf nicht fehlen. Der Sektkühler hat originellerweise die Form eines Zylinders (die Kopfbedeckung des Schornsteinfegers – wie passend!).

Das vierblättrige Kleeblatt

Das vierblättrige Kleeblatt ist neben dem Glückscent und dem Glücksschweinchen ein wichtiges Symbol und damit ein beliebter Glücksbringer zum Jahreswechsel.

Früher waren vierblättrige Kleeblätter in der Natur außerordentlich selten. Die meisten hatten nur drei Blätter. Wer also tatsächlich ein Kleeblatt mit vier Blättern gefunden hatte, konnte sich glücklich schätzen.

Solch ein seltenes Geschenk sollte an Silvester vorhanden sein, um den Jahreswechsel erfolgreich begehen zu können. Selbstverständlich ist es ausschlaggebend, soll denn das Kleeblatt tatsächlich helfen, wenn dieses wirklich gefunden wurde.

Gezüchtete Kleeblätter sagen zwar symbolisch dasselbe aus, aber nur das selbst gefundene hat seine glückbringende Wirkung.

Bei den Kelten soll das Kleeblatt als Zaubermittel gegen böse Geister gewirkt haben.

Ob der Spruch „über den grünen Klee loben" mit dem Glücksklee zu tun hat?

> Übrigens: Eva soll ein vierblättriges Kleeblatt beim Verlassen des Paradieses mitgenommen haben.

Schornsteinfeger

Der Schornsteinfeger taucht angeblich im 13. oder 14. Jahrhundert in Italien auf.

Feuer bringt Leben aber auch Verderben. Um vernünftiges Essen zubereiten zu können, musste das Feuer im Ofen gut brennen.

War der Kamin verstopft, kam es zu Schwierigkeiten; gegebenenfalls sogar zu verheerenden Feuersbrünsten. Es kam einer Katastrophe gleich, war der Schornstein verstopft.

Einerseits war es kalt in der Unterkunft, andererseits konnte nicht gekocht werden. Der verstopfte Schornstein riskierte eine lebensbedrohliche Brandgefahr.

So sahen es die Menschen als gut und (überlebens-)wichtig an, dass der Schornsteinfeger regelmäßig den Kamin reinigte. Er brachte ihnen sozusagen die benötigte Wärme und schützte vor Ruß und Brand.

Den Schornsteinfeger anfassen bringt Glück. Das Drehen an den goldfarbenen Knöpfen seiner Uniform bringt noch mehr Glück.

Marzipanschweinchen

Weiter oben wurde auf das Glücksschwein hingewiesen. Kein Wunder, dass es in Marzipanform zum Jahreswechsel gehört.

Zur Herstellung von Marzipan werden Mandeln benötigt, deren besondere Stärken in das Schweinchen einfließen.

Der rote Fliegenpilz – der Glückspilz

„Du bist aber auch ein Glückspilz," strahlt Emily ihren Bekannten an. Gleichzeitig klopft sie ihm bewundernd auf die Schulter. Sie ergänzt:

„Egal was du anpackst, alles verwandelt sich zum Erfolg!"

Interessanterweise steht der Fliegenpilz mit seinen weißen Punkten als Pate für den Glückspilz, obwohl allgemein bekannt ist, dass der Fliegenpilz giftig ist.

Angeblich wurde früher dieses Gift – in kleinen Mengen verabreicht – von Hexen verwendet, um Menschen in eine euphorische und starke Stimmung zu bringen.

Fliegenpilz getrocknet oder aufgekocht, zum Beispiel als Tee getrunken, kann eine halluzinogene Wirkung erzeugen. Es entsteht ein Glücksgefühl. Nicht umsonst heißt der Fliegenpilz Glückspilz.

Soldaten: Der Schmerz ließ nach, sodass sich auch ein in die Schlacht ziehender Soldat dieses Mittels erfreute.

Jahreswechsel – Prosit Neujahr!

Kurz vor Mitternacht werden die Sekt- beziehungsweise Champagnerflaschen geöffnet. Die Korken knallen und verbreiten damit genauso Lärm wie die Feuerwerksknallerei. Natürlich auch, um die bösen Geister gleich zu Beginn des Jahres zu vertreiben.

Jetzt ist es soweit! Der Sekt wurde bereits in die Gläser geschenkt. Die Gäste erheben sich und zählen dann gemeinsam die letzten Sekunden rückwärts:

„Drei – zwei – eins – glückliches neues Jahr! – Prosit Neujahr!"

Mit hellklingenden Gläsern (das Glas wird beim Zuprosten mit der rechten Hand gehalten) wird auf das neue Jahr angestoßen. „Prosit!" (aus dem Lateinischen ‚prosit' gleich ‚es möge gelingen').

Die Anwesenden ‚herzen' sich und wünschen sich alles Gute für das angefangene, neue Jahr.

Ein fulminantes Feuerwerk erleuchtet den schwarzen Himmel und projiziert fantastische und farbige Kunstwerke in die Höhe. Es gibt ein Geknarre und ein Geballere. Und weshalb dieses Spektakel? Nun, um die Geister zu vertreiben. Je mehr Lärm, desto besser!

Übrigens: Werfen Sie einen Granatapfel an eine Wand. Laufen viele Kerne an der Wand herunter, bedeutet das ein erfolgreiches neues Jahr.
Allerdings braucht die Wand durch den ausgetretenen roten Fruchtsaft anschließend eine Reinigung.

Jahreswechsel – interkulturell

Spanien	*Zum Jahreswechsel wird in Spanien mit jedem Glockenschlag eine Traube gegessen – also zwölf Beeren hintereinander.* *Achtung: Verschlucken Sie sich nicht! Bei diesem Brauch sind schon Menschen umgekommen, weshalb in manchen Gemeinden die Abfolge der Glockenschläge um Mitternacht leicht verlängert beziehungsweise verzögert erfolgt.*
Tschechien	*Ein Apfel wird halbiert. Bilden die sichtbaren Kerne ein Kreuz, ist mit Unheil zu rechnen. Lässt sich eine Sternform ablesen, bringt das Glück.*
Argentinien	*Alle nicht mehr gebrauchten Papierunterlagen werden geschreddert.* *Dann werden sie aus dem Fenster geworfen, wo sie wie ein Schneeregen auf die Straße rieseln.*
Brasilien	*Die Menschen kleiden sich in weißer Kleidung und spazieren an der Copacabana entlang. Die Farbe Weiß symbolisiert Frieden, Reinheit und Unschuld.* *Personen die sich lieben, tragen rote Unterwäsche.*
Kolumbien	*Spaziert jemand mit einem leeren Koffer um die Gebäude, soll das Glück bringen und eine schöne Reise im Folgejahr ermöglichen.*

Übrigens: Hat das neue Jahr begonnen, essen Japaner kleine Reisklößchen namens ‚Mochi'. Bedauerlicherweise ersticken immer wieder Menschen daran, sodass das Jahr sehr traurig beginnt.

Blick in die Zukunft – Befragen von Orakeln

Beschwingt und gut gelaunt kehren die Gäste einige Minuten nach dem Feuerwerk zurück und freuen sich auf das Zinngießen.

Aus Umweltschutzgründen und auch zum Schutz der eigenen Gesundheit wird auf das Bleigießen heute verzichtet. Blei ist giftig und kann damit für den Menschen schädlich sein.

Seit 2018 ist das Bleigießen in Deutschland verboten.

Zinngießen

Zinngießen kann das früher übliche Bleigießen ersetzen. Das frühere Bleigießen, auch Molybdomantie (gr. ‚Mólybdos‘ gleich ‚Blei‘, ‚manteiu‘ gleich ‚Wahrsagung‘) galt als altes Brauchtum.

Kleine Zinnfigürchen oder –klümpchen werden in einem Metalllöffel über einer Kerze geschmolzen und dann in kaltes Wasser gegossen, wo sie sofort erstarren. Die neu entstandene Figur aus Zinn wird nun von allen neugierig begutachtet und mit viel Fantasie gedeutet. Zuerst muss sich darauf geeinigt werden, was das Zinnklümpchen darstellen soll. Sodann wird in entsprechenden Listen nachgeschaut, welches Schicksal droht.

Hier ein Auszug möglicher Deutungen:

Angel	*Das Glück hängt am Haken. Schauen Sie sich um und greifen danach.*
Arm	*Sie haben viel Energie und Tatkraft. Setzen Sie sie um.*
Ast	*Es geht bergauf mit Ihnen. Hangeln Sie sich nach oben.*
Baum	*Gutes Wachstum ist zu erwarten, sei es beruflicher oder privater Art.*
Beil	*Vorsicht, denn Ihre Beziehung oder Freundschaft droht zu zerbrechen.*
Berg	*Haben Sie keine Angst, etwaige Hindernisse zu überwinden.*

Blume	Eine Liebeserklärung ist zu erwarten.
Ei	Etwas Neues wird begonnen. Packen Sie ein neues Projekt an.
Fackel	Endlich wird Licht ins Dunkel gebracht. Etwas Ungeklärtes wird nun klar.
Gabel	Treffen Sie Ihre Entscheidung!
Geweih	Für eine anstehende Aufgabe wird Ausdauer gebraucht.
Hammer	Irgendetwas ist aus dem Ruder gelaufen und wird nun wieder in die richtige Richtung gebracht (gehämmert).
Hand	Jemand ist Ihnen gegenüber hilfsbereit.
Herz	Ein eindeutiges Zeichen der Liebe. Mag Sie jemand?
Himbeere	Eine Einladung ist zu erwarten.
Katze	Unglück wartet auf Sie (wie nicht anders zu erwarten).
Keule	Sie drohen undiplomatisch vorzugehen. Passen Sie auf!
Lanze/ Schwert	Sie setzen sich für jemanden deutlich ein.
Lokomotive	Fahren Sie nicht immer dieselben Wege; auch nicht dieselben gedanklichen Wege. Suchen Sie Neues. Dann geht es voran.
Nadel/ Nagel	Optimieren Sie Ihre Beziehung oder Freundschaft.
Ohrmuschel	Sie hören offensichtlich nicht gut zu. Sie werden Ärger bekommen.
Palme	Ein Urlaub steht an, in dem Sie sich ausspannen sollten.

Pilz	Eine Entscheidung steht an.
Schere	Ihnen tut eine Verbindung oder Freundschaft nicht gut. Brechen Sie diese ab!
Schiff	Lassen Sie sich von niemandem aufhalten. Immer weiter so!
Schuh	Endlich geht es aufwärts.
Vogel	Sie suchen die Freiheit. Sprengen Sie mögliche Fesseln!
Zahn	Fragen Sie in einer Sache genauestens nach. Lassen Sie sich nicht abwimmeln.

In einer Quelle stand bei der Figur ‚Henker', dass ein Gespräch mit dem Chef anstünde.

Ausklang der Silvesternacht

Wer die Silvesternacht perfekt beenden will, serviert zu Beginn des neuen Jahres nach altem Brauch einen ‚Berliner'. Das ist ein mit Marmelade gefüllter Krapfen.

„Ein erfolgreiches neues Jahr!"

Heilige 3 Könige

Am 6. Januar ziehen Sternsinger, verkleidet als die ‚heiligen 3 Könige' von Haus zu Haus. Sie singen für die Bewohner und sammeln Geld für die Gemeinde.

Danach schreiben sie mit Kreide die Buchstaben C, M und B und die Jahreszahl über die Haus- oder Wohnungstür.

Viele denken, die Buchstaben stehen für Caspar, Melchior und Balthasar. Tatsächlich sind sie die Abkürzung für ‚Christus mansionem benedictat', ‚Christus segne dieses Haus'. Durch diesen Spruch sollen Haus und Bewohner geschützt werden.

Wo die Liebe hinfällt

„Er liebt mich, er liebt mich nicht ..."

„Wenn Blumen, gleichgültig welcher Farben und Formen zusammenstehen,
kann nie ein Bild der Disharmonie entstehen."
Vincent van Gogh, niederl. Maler
(1853 - 1890)

Blumensprache

„Er liebt mich, er liebt mich nicht, er liebt mich ..."

So sitzt die selbstverständlich bildhübsche Jungfrau auf der Parkbank und zupft ein Blütenblatt nach dem anderen aus der Blüte der Margerite ab. Die Antwort gibt das letzte Blumenblättchen.

Das Herz pocht und die Nervosität steigt. Je mehr Blätter zu Boden segeln, desto näher kommt die Wahrheit. Der jungen Frau sollen die Daumen gedrückt werden.

Die Sprache der Blumen erscheint heute manchem etwas unmodern – aber es bleibt doch immer noch ein kleiner ,versteckter' Hinweis. Die beiden folgenden Bedeutungen kennt fast jeder:

- Rote Rosen sind immer noch ein Zeichen des Liebesbeweises.
- Weiße Lilien sollten speziell älteren Menschen nicht geschenkt werden, da diese Blumen als ,Todesblumen' gelten. Sonst sind weiße Blüten in Sträußen oder Arrangements häufig anzutreffen.

Rote Rosen sind das Symbol der Liebe. Das ist bekannt. Steht die Liebesbeziehung noch am zarten Anfang, dann ist die rosafarbene Rose geeigneter. Besteht eine Beziehung schon länger, dürfen weiße Rosen verschenkt werden.

Sie symbolisieren hier die Treue zum Partner beziehungsweise zur Partnerin. Die orangefarbene Rose strotzt nur so vor Lebensfreude. Geht es der Beziehung besonders gut, ist diese Rosenfarbe angebracht.

Vorsicht beim Verschenken von gelben Rosen. Gelb ist die Farbe der Eifersucht, Neid oder gar Untreue. Nicht gut für eine Beziehung.

Die gelbe Rose

Es wird berichtet, dass am Tag des Attentats auf Kennedy (John Fitzgerald Kennedy, US-am. Präsident, 1917 – 1963) bei der Ankunft in Dallas die Ehefrau, Jackie (Jacqueline Lee Bouvier Kennedy Onassis, 1929 – 1994), einen Strauß roter Rosen erhielt, statt der für Texas üblichen gelben Rosen.

Verschwörungstheoretiker deuten die roten Rosen in diesem Zusammenhang als Hinweis darauf, dass es zu einer blutigen Situation käme …

„The Yellow Rose of Texas"; dieser Song stammt ursprünglich wohl von einem Komponisten aus der ersten Hälfte des 19. Jahrhunderts. Sein Name ist unbekannt, wohl aber seine Initialen. Und was glauben Sie, wie diese lauten? J. K. – die Initialen Kennedys.

Jede Blume hat ihre eigene Aussagekraft. Hier eine Auswahl, wobei die Bedeutung je nach Region verschieden sein kann. Was verrät das Verschenken folgender Blüten?

Akazienblüte	*Ich vertraue dir.*
Alpenveilchen	*Ich bin bescheiden; schüchtern.*
Anemone	*Freude; Ich fühle mich verlassen.*
Aster	*Von deiner Treue bin ich nicht ganz überzeugt.*
Belladonna Lilie	*Du bist schön, aber nicht ungefährlich.*
Bellis	*Ich bin ganz verliebt in dich.*
Calla	*Du bist rein und vollkommen.*

Christrose	*Ich teile ein langes Leben mit dir.*
Chrysantheme	*Die weiße Chrysantheme steht ursprünglich als Todesbote. Heute sagt sie eher aus: Mein Herz ist frei.* *Die gelbe Blüte signalisiert die Bereitschaft zu einem Flirt und die rote sagt, dass jemand glücklich mit Ihnen sein würde.*
Dahlie	*Ich bin schon vergeben; sei geduldig.*
Edelweiß	*Du bist wunderschön.*
Engelstrompete	*In deinen Händen liegt mein ganzes Glück.*
Erika	*Du bist mein Alles, aber ich liebe die Einsamkeit.*
Espe	*Du bist mir zu ängstlich.*
Federnelke	*Du bist mir zu leichtsinnig.*
Feuerlilie	*Ich bin in glühende Liebe zu dir verfallen.*
Flieder	*Wirst du mir auch treu sein?*
Frauenhaar	*Ich träume im Geheimen von dir.*
Gänseblümchen	*Ich bin bescheiden und unschuldig.*
Geranie	*Ich erwarte dich an bekannter Stelle.*
Glockenblume	*Unsere Herzen schlagen im gleichen Takt.*
Goldlack	*Ich sehne mich nach dir.*

Hyazinthe	Deine Kälte lässt mich schmachten.
Immortelle	Ich werde dich nie vergessen.
Iris	Ich bin neugierig auf dich.
Jasmin	Du bist bezaubernd.
Kirschblüte	Ich will dich küssen.
Kornblume	Du bist ein frohes Wesen.
Krokus	Ich brauche noch Zeit, um mich zu entscheiden.
Lindenblüte	Träume süß und denke an mich.
Löwenzahn	Werde gesund.
Lilie	Glaube, Reinheit, Unschuld und Jungfräulichkeit.
Männertreu	Sei auf der Hut vor Geschwätz.
Maiglöckchen	Du bist allein.
Mohn	Ich will in deinen Armen trunken sein vor Glück.
Myrte	Wir werden bald heiraten.
Nachtschatten	In Erinnerung an das Glück unserer Nacht.
Narzisse	Du bist eitel; tue mir nicht Unrecht.

Nelke, gelb	*Ich verachte dich.*
Nelke, rot	*Heiße Liebe.*
Nelke, weiß	*Ich bin noch zu haben; ich sehne mich nach dir.*
Orchidee	*Liebe; Leidenschaft; ich verehre dich.*
Pfingstrose	*Lass uns zusammenkommen.*
Primel	*Ich bin zufrieden, weil ich dich habe.*
Quittenblüte	*Ich bete dich an.*
Rhododendron	*Wann sehen wir uns wieder?*
Rosmarin	*Abschied; ich habe dich aufgegeben.*
Sanddorn	*Werde gesund!*
Schwertlilie	*Ich werde um dich kämpfen.*
Seerose	*Höchste Erfüllung.*
Sonnenblume	*Du bist meine Sonne.*
Stiefmütterchen	*Meine Liebe zu dir ist heiß entbrannt.*
Tollkirsche	*Ich habe dich durchschaut.*
Tulpe	*Liebst du mich wirklich?* *In der Literatur und der Kunst steht die Tulpe für Vergänglichkeit.*

Veilchen blau	*Wie innig wir uns lieben, ist unser süßes Geheimnis.*
Vergissmeinnicht	*Denk an mich und vergiss mich nicht.*
Weidenröschen	*Ich sehne mich nach dir.*

Schenken Sie in China keine Schnittblumen, da sie Kurzlebigkeit bedeuten. Übertragen auf eine Freundschaft hieße das, dass diese auch nicht lange anhalten würde.

> Übrigens: Hatten Sie einen Streit mit Ihrer Partnerin oder Ihrem Partner? Ein Strauß Tulpen soll den Frieden wiederherstellen.

Nach der gelungenen Premierenveranstaltung im Theater gehört es unbedingt dazu, den Schauspielern und dem Regisseur Blumen zu überreichen.

Achtung: Sie dürfen niemals vorher überreicht werden, um Unglück zu vermeiden.

Die Rose von Jericho

Die Rose von Jericho wird in hiesiger Kultur zum Beispiel auf den Weihnachtsmärkten angeboten. Es ist eine getrocknete Pflanze. Wird diese hin Wasser gestellt, blüht sie wieder auf. Sie soll Glück, Gesundheit, hohes Alter und Reichtum bringen. Sie gilt als Schutz gegen alles mögliche Böse, rund um die Geburt eines Kindes.

Gamskugel

Die Gamskugel entsteht bei einigen wiederkäuenden Tieren durch Pflanzenreste und anderen nicht verdauten Rückständen. Es bildet sich im Darm eine Kugel, die dann ausgeschieden wird.

Etwas davon abgeschabt und im Wasser aufgelöst, soll sie gegen unglaublich viele Beschwerden als Gegengift helfen.

Alraunenwurzel – Das Galgenmännlein

Die Wurzel der selten zu findenden Alraune hat oft eine Ähnlichkeit mit einer menschlichen Gestalt – mit zwei Beinen und Armen, einem Körper und einem Kopf – was sie per se unter Verdacht stellt.

Der Genuss der zubereiteten Alraunenwurzel löst halluzinogene Wirkung aus, weshalb sie gerne in Zaubertränken verwendet wird/wurde.

Ansonsten lindert sie Frauen Geburtsschmerzen, lindert Krankheiten und beugt sogar Vergiftungen vor. Sie sorgt für Ruhm und Reichtum. Manchmal hilft sie sogar dabei, einen Schatz zu finden.

Kein Wunder, dass die Nachfrage nach der Wurzel hoch war und der Preis ebenso.

Um die Wurzel aus dem Boden ziehen zu können, muss große Kraft aufgebracht werden. Dummerweise wird die Wurzel von unten von Dämonen festgehalten. Beim Rausziehen der Wurzeln – die Wurzel wehrt sich erbittert dagegen – stößt sie grässliche, furchteinflößende Schreie aus.

Diese können den Pflücker zum Wahnsinn treiben oder sogar töten. Also: Ohren gut schützen.

Alraunen wuchsen angeblich gut unter einem Galgen. Blut, Urin, Ejakulat und andere Körperflüssigkeiten eines Gehängten ließ die Pflanze prächtig wachsen.

Kaum zu glauben: Wurde über Nacht ein Geldbetrag neben die Alraune gelegt, soll sich diese bis zum nächsten Tag verdoppelt haben. Ist das nicht etwas zu viel des Aberglaubens?

Polterabend und Trauung

„Eine Komödie, die mit einer Hochzeit endet, ist der Anfang einer Tragödie."
George Bernard Shaw, ir. Schriftsteller
(1856 - 1950)

Die junge Partnerschaft

Rund um die Hochzeit gibt es viele Bräuche, die das Brautpaar vor bösen Geistern schützen sollen.

Damit bei diesem wichtigen Schritt in die Zweisamkeit auch ja nichts schief läuft, findet sich hier eine unglaublich große Zahl an Ritualen, die einzuhalten sind. Und die greifen schon lange vor dem Tag der Vermählung.

Ursprung Polterabend

Woher der Begriff Polterabend stammt, wird in verschieden Quellen unterschiedlich wiedergegeben. Viele verstehen unter ‚poltern' ‚Lärm machen'. Sei es, um böse Geister zu verscheuchen, sei es, um die zerbrochenen Scherben Göttern zu opfern.

Das Wort poltern findet sich im ‚Poltergeist', dem unerklärbaren Auftreten von Klopfgeräuschen.

Im späten Mittelalter sollen Bekannte und Freunde des Brautpaars lärmend durch die dörflichen Straßen gezogen sein: Mit Stöcken und Peitschen knallend, später auch mit Gewehren in die Luft schießend.

Vor allem sollte mit möglichst viel Lärm jeder mitbekommen, dass eine Hochzeit ansteht.

Der Ursprung des Polterabends scheint auf vorchristliche Zeit zurückzugehen. Das unterstreicht seine Wichtigkeit, weswegen auch heute auf den Polterabend nicht verzichtet wird.

Je mehr Scherben, je mehr Glück

Auf dem Polterabend gilt als unausgesprochene Regel, dass jeder Gast möglichst viel unbrauchbar gewordenes Küchengeschirr mitbringt. Allerdings nur Porzellan, Keramik, Ton- und Steingefäße – kein Glas, denn das brächte Unglück.

Vor dem Haus, auf dem Hof oder im Garten ist ein Bereich vorgesehen, auf den das Geschirr geworfen werden soll. Das Geschirr wird nun unter großem ‚Hallo' ‚zerdeppert'. Das ergibt ein lautes Poltern, weswegen der Anlass Polterabend heißt.

Viel Lärm – viel Scherben – viel Glück. Das Gepolter hat die bösen Geister vertrieben. Es kann beruhigt gefeiert werden. Der Polterabend wird fröhlich begangen, um Freude auf das kommende Hochzeitsfest auszudrücken.

Alle reden miteinander und prosten dem zukünftigen Brautpaar zu. Danach zeigen sich die beiden Verlobten bei allen Gästen, gehen von Tisch zu Tisch, tauschen ein paar Worte aus.

Neue Besen kehren gut

Wenn Sie gut vorbereitet sind, stellen Sie am Polterabend einen gemieteten Abfall-Container auf.

Damit dieser nicht im Eifer des Gefechts durch Ihre Gäste umgestoßen wird, kurz bevor alle Scherben entsorgt wurden, schauen Sie, dass der Container einen abschließbaren Deckel besitzt.

Und dann auch wirklich abschließen, denn es soll schon vorgekommen sein, dass Gäste auf dem Weg nach Hause eben noch mal den Container umwarfen, um die Gastgeber erneut ans Kehren zu bringen.

Die zukünftigen Eheleute sollen das zerdepperte Geschirr möglichst schnell in den Container entsorgen. Damit lässt sich gleich überprüfen, ob die beiden zukünftigen Eheleute gut zusammenarbeiten können.

Deswegen steht ein Besen bereit, damit die Scherben zusammengekehrt werden können.

Auf eine Schaufel und ab in den Müll-Behälter! Das ist ganz schön anstrengend. Deshalb immer und gleich die Scherben entsorgen, bevor die nächsten Gäste eintreffen.

Nun meint der Brauch, dass es den Verlobten nicht so einfach gemacht werden soll. Was läge näher, als den Besen zu verstecken? Oder – mancher Gast taucht mit einer Säge auf, um den Stiel des Besens zu verkürzen.

Dann muss der Verlobte noch mehr Energie aufwenden und sich mühevoll bückend an die Arbeit begeben. Pfiffige zukünftige Ehemänner halten immer zwei, drei Reservebesen gut versteckt, um nicht in diese Notlage zu kommen.

Findige haben Polterabendbesen konstruiert, die zwei Stiele haben, damit die Brautleute gleichzeitig kehren können.

Polterabend versus Junggesellen-Abschied

Der Polterabend wird von den beiden Brautleuten zusammen begangen. Entweder am oder im Haus der Braut, ansonsten auch an einer anderen Stelle, besonders dann, wenn viele Gäste zu erwarten sind.

Vereinsheime haben oft hierfür sehr geeignete Räumlichkeiten. Parkplätze, Toiletten, Theke, Tanzfläche und so weiter sind in der Regel vorhanden.

Der Abschied vom Junggesellendasein findet getrennt statt. Das heißt: Der Bräutigam feiert mit seinen (männlichen) Freunden, die Braut mit ihren Freundinnen.

Ursprünglich nur den Mann betreffend, wurde der Junggeselle vom Vater in seine eigenen vier Wänden begleitet und auf seine Pflichten und seine Rechte als Ehemann hingewiesen.

Es wurde über Sinn und Zweck der Ehe geredet und auch Hilfe bei zukünftigen Problemen angeboten.

Junggesellinnen-Abschied

Was heißt schon Gleichberechtigung, wenn es nicht auch Junggesellinnen-Abschiede gibt?

Ursprünglich das Gegenstück zur Stag Night, hier als Hen Night oder Hen Party bezeichnet, beziehungsweise auch bekannt unter der Bezeichnung Bachelorette Party oder Stagette Party.

Das Gegenstück zum Junggesellen-Abschied, nur, dass hier die Braut mit ihren Freundinnen unterwegs ist.

Auf dem T-Shirt der Braut erscheinen Sprüche oder Wörter, die auf die gerade noch aktuelle Situation oder auf die zukünftige Rangordnung in der Ehe („Ich habe die Hosen an") hinweisen.

Braut-Party

Nur für die Freundinnen und nahen Kolleginnen der Braut.

Sie tauschen sich über einen möglichen Ablauf der Hochzeitsveranstaltungen aus, über die Hochzeitsgarderobe, die Hochzeitsbräuche und über alles andere, was notwendig für ein gutes Omen sein könnte.

Brautschleier und Brautkranz

Traditionell werden von den Brautjungfern am Polterabend der Brautkranz und der Brautschleier überreicht.

Gebraucht, neu, geliehen, blau

Die Braut in Weiß bedeutet Unschuld. Zum Hochzeitskleid gehören: Ein geliehenes Teil (häufig ein Schmuckstück der Mutter oder der Oma) dient als Zeichen der Freundschaft und des Glücks.

Dazu kommt ein blaues Teil, zum Beispiel das Strumpfband (als Sinnbild der Treue in der Partnerschaft) und ein gebrauchtes beziehungsweise altes Teil (vielleicht die Schuhe, dann gibt es auch keine ärgerlich störende Blasen).

Das gebrauchte Teil symbolisiert den zurückliegenden Lebensabschnitt als ledige Frau.

Und natürlich kommt noch etwas Neues dazu, welches schließlich das Symbol des neuen Lebensabschnitts der Braut darstellt, sozusagen den Übergang vom alten ins neue Leben: something old, something new, something borrowed, something blue.

> Übrigens: Der Bräutigam darf das Brautkleid zum ersten Mal in der Kirche bewundern – er darf es vorher nicht sehen.

Ja nichts wegwerfen!

Viele Accessoires zum Brautkleid, wie das Brautkleid selbst auch, die am Hochzeitstag getragen wurden, bergen ungeahnte Kräfte. Das wird zumindest so angenommen.

Deshalb sollen Schleier, Brautkranz, Tücher und so weiter aufgehoben werden, da sie durch Auflegen bei Leiden (Fieber, Zahnschmerzen und anderen) Linderung bringen sollen.

> Übrigens: Das Hochzeitskleid darf vor der Verlobung nicht getragen werden.

Brautschuhe

Schon von klein auf sammelt die zukünftige Braut jeden Pfennig – heute Cent – für ihre Brautschuhe.

Von den gesammelten Münzen werden die Brautschuhe gekauft. Je mehr Münzen, desto wertvoller die Schuhe.

Die Hochzeitsgäste, aber vor allem der Bräutigam kann am Wert der Schuhe erkennen, wie sparsam die Braut im bisherigen Leben war und im zukünftigen Leben sein wird.

Damit es in der Ehe keine Geldsorgen gibt, kann die Braut am Tag der Hochzeit einen Cent in ihrem Brautschuh verstecken. Dafür gibt es dann allerdings eine Blase am Fuß …

Brautschuhe versteigern

Damit das Brautpaar wieder etwas Geld in die Hochzeitskasse bekommt, kann eine symbolische Versteigerung der Brautschuhe stattfinden.

Jeder Bieter erhöht das Angebot des Vorbieters und zahlt direkt die Differenz zum vorhergehenden Angebot. So können sich viele Bieter beteiligen, ohne selbst letztlich den am Ende höchsten Betrag zahlen zu müssen.

Immer wenn der Betrag eine ‚runde Summe' überschreitet, bekommt der Bieter von der Braut, die Bieterin vom Bräutigam zur Belohnung einen Kuss. Es wird solange der Betrag in die Höhe getrieben, bis es keine Bieter mehr gibt.

So hat jene oder jener mit dem letzten Gebot die Brautschuhe ersteigert. Natürlich bleiben die Schuhe im Besitz der Braut.

Brautschuhe stehlen

In anderen Gegenden Deutschlands ‚stehlen' im Laufe des Abends einige Kinder den linken Brautschuh. Dazu kriechen sie unter den Brauttisch und versuchen den Schuh zu entwenden, ohne dass es die Braut merkt.

Dann gehen sie mit dem Schuh zu den Gästen, um einen Obolus zu erbitten. Das Geld, das im Schuh gesammelt wird – und der Schuh – werden anschließend dem Brautpaar übergeben.

Die Braut wird zum Altar geführt

Auf dem Weg zum Altar geht die Braut links vom Bräutigam, bildlich gesprochen an seiner Herzseite.

Vor der Trauung; *auf dem Weg zum Altar.*	*Nach der Trauung;* *zum Kirchenausgang.*

Nach der Trauung geht die ,neue' Ehefrau an der rechten Seite des Mannes aus der Kirche. Das hat auch ganz praktische Gründe, vor allem dann, wenn die Braut eine lange Schleppe trägt.

Die Brautleute müssen am Altar nicht umeinander herum gehen, sondern brauchen sich lediglich umzudrehen und schon sind sie in der richtigen Position.

> Übrigens: Die Braut dreht sich auf dem Weg zum Altar nicht um. Das könnte Unglück bringen! Es heißt nämlich, dass sie sich schon nach einem anderen umsehe.
> Das gilt umgekehrt auch für den Bräutigam.

Brautstrauß und Ring

Rund um den Brautstrauß ranken sich viele Bräuche und Aberglaube. Der Brautstrauß muss vom Bräutigam gekauft werden.

Der Strauß soll nicht ins Wasser gestellt werden (müssen), da sonst die Ehe nicht lange anhält. Sollte sogar eine Blüte während der Hochzeitszeremonie in der Kirche welken, so bringt das Unglück.

Hält die Braut den Brautstrauß während des Hochzeitswalzers, so garantiert das eine glückliche Ehe.

Wirft die Braut den Brautstrauß rückwärts über ihren Kopf den Gästen zu, wird die glückliche Fängerin die nächste Braut sein. Deshalb nur Unverheiratete zum Fangen aufstellen!

Die Fängerin des Brautstraußes darf ihn behalten.

Ansonsten: Ein paar Tage nach der Hochzeit kann der Brautstrauß auf das Grab eines beziehungsweise einer Angehörigen gelegt werden. Diese/r wird das Brautpaar in Zukunft beschützen. Alternativ hinter Glas gerahmt aufhängen.

Der Ring der ewigen Liebe – Hochzeitsring

Der Hochzeitsring, der Ring, der die Verbundenheit der beiden Partner zeigt und nach der Trauung zum Ehering wird, ist mit das wichtigste Symbol in hiesiger Kultur, das als Zeichen der Zusammengehörigkeit gilt.

Nicht umsonst ist der Ring kreisrund, da er ewige Liebe beziehungsweise nicht endende Liebe darstellt. Damit diese lange hält, ist der Ring aus Silber, Gold oder Platin, manchmal verziert mit Edelsteinen.

Solange die beiden verlobt sind, tragen sie die Ringe an der linken Hand. Eheringe werden am rechten Ringfinger getragen.

Perlen bringen Unglück

Bei der Recherche zu diesem Thema fiel auf, dass es unzählige Informationen zu diesem Thema gibt. Allerdings bedauerlicherweise auch gegenläufige.

So meinen viele Befragte, dass Perlen Glück bringen sollen, andere sind der strikten Meinung:

„Auf keinen Fall Perlen!"

Wie gefällt Ihnen folgender Kompromiss: Selbst gekaufte Perlen öffnen dem Unglück die Möglichkeit, aktiv zu werden. Geschenkte Perlen hingegen sind zumindest einmal als neutral zu betrachten. Also – keine Befürchtung im zweiten Fall.

Gemeinsam sind wir stark

Viele Bräuche zielen darauf ab zu zeigen, dass die beiden Neuverheirate-
ten gemeinsam ihr Leben meistern sollen und werden.

Der Sägebock – Baumstamm sägen

Das erste Hindernis, das sich dem frisch vermählten Paar vor der Kirche
in den Weg stellt (oder legt), ist ein Baumstamm auf einem Sägebock.

Die Braut und der Bräutigam sollen nun mit einer möglichst alten, rosti-
gen Säge diesen Stamm gemeinsam durchsägen.

Das symbolisiert, dass beide gemeinsam in Zukunft alle Herausforderungen, die sich ihnen in den Weg stellen, beseitigen werden. Und zwar wirklich nur ‚gemeinsam'.

Band durchschneiden und Herz durchschreiten

Vergleichbar ist das gemeinsame Durchschneiden eines Bandes, sobald
das Brautpaar die Kirche verlässt. Auch hier wird ein Hindernis beseitigt,
das den beiden in den Weg gespannt wurde.

Zwei Gäste spannen ein Betttuch auf, auf dem die Umrisse eines Herzens
abgebildet sind. Das Brautpaar schneidet das Herz heraus, um jetzt gemeinsam durch die entstandene Öffnung zu schreiten.

Spalier bilden

Freunde und Freundinnen, Vereinsmitglieder, eingeladene Kollegen und
andere dem Brautpaar zugeneigte Menschen, können ein Spalier bilden.

Dazu stellen sie sich paarweise gegenüber und lassen eine Gasse zwischen sich frei. Durch diese Gasse laufen die Frischvermählten nach dem
Standesamt oder nach Verlassen der Kirche.

Manchmal halten die das Spalier bildenden Freunde einen Gegenstand
(Blumen, Zweige, Zierwaffen [Verein] oder andere) über den Gang, und
bilden eine Art Tunnel.

Das verheiratete Paar schreitet gemeinsam durch das Spalier, sozusagen auf dem Weg ihres zukünftigen Lebens. Ihre Freunde stehen am Wegesrand und begleiten das Paar in den nächsten Jahren – durch dick und dünn.

Reis werfen

Aus Asien soll der Brauch stammen, frisch Verheiratete mit Reiskörnern zu bewerfen. Dieser Brauch steht für Wohlstand und Fruchtbarkeit. Er soll dem Paar viele Kinder versprechen.

Früher wurden aus denselben Beweggründen auch Hülsenfrüchte, Erbsen oder Getreidekörner geworfen.

Heute wird auf diesen Brauch aus Umweltschutzgründen und Verunreinigung des Ortes eher verzichtet.

Regen und Wind am Hochzeitstag

Es scheint gar nicht so schlimm zu sein, wenn es am Hochzeitstag allzu nass wird. Denn Regen bedeutet Wachstum, nicht nur bei den Bauern auf dem Feld, sondern beim Brautpaar in der zukünftigen Familie. Denn der Regen kündigt eine glückliche und kinderreiche Ehe an.

Der Volksmund behauptet:

„Wenn es regnet am Altar, bringt das Glück für viele Jahr'."

Erhebt sich ein starker Wind, der den Schleier der Braut auffliegen lässt, werden sich die jungen Leute nicht gut vertragen.

Falls sich einer der beiden Brautleute im Hochzeitsoutfit alleine von einem Fotografen abbilden lässt, wird er sehr bald den Rest seines Lebens allein verbringen müssen.

Hochzeitssuppe salzen

Bevor das Festmenü startet, begibt sich das Brautpaar in die Küche. Dort wird die Hochzeitssuppe abgeschmeckt und gegebenenfalls nachgewürzt, sprich gesalzen.

Das kann die Braut tun, damit der Bräutigam die Kochkenntnisse der Braut sehen kann – oder, in der heutigen Zeit angepasster – werden beide die Suppe abschmecken. So ist sichergestellt, den Gästen anschließend ein gut abgeschmecktes Menü zu bieten.

Demnach gehört die Hochzeitssuppe unbedingt zum Hochzeitsmenü.

Hochzeitsmandeln

Das Hochzeitspaar wurde reichlich beschenkt und verteilt unter den Gästen Hochzeitsmandeln als Dank für die Geschenke und Glückwünsche.

Die alten Römer brachen Brot über den Köpfen des Hochzeitspaars. Danach wurde das Brot gegessen. Aus dem Brot entwickelte sich der Hochzeitskuchen, von dem wurde den Gästen dann ein Stück mit nach Hause gegeben.

Damit würdigten die Brautleute ihre Gäste, da sie sozusagen als Zeugen während der Hochzeitsprozedur anwesend waren.

Heute gibt es in einigen Landstrichen den Brauch, den Gästen statt Kuchen Hochzeitsmandeln mitzugeben.

Ein Beutel enthält jeweils fünf Mandeln, wobei jede Mandel eine besondere Bedeutung hat: Gesundheit, Wohlstand, Fruchtbarkeit, Glück und ein langes Leben.

Der Brauch soll ursprünglich aus Italien kommen.

Die Hochzeitstorte

Einer der vielen Höhepunkte einer Hochzeitszeremonie ist das Anschneiden der prachtvollen Hochzeitstorte.

Oft wird diese nach dem Menü um Mitternacht angeschnitten. Je nach Art der Feier darf aber auch am Nachmittag, zur Kaffeezeit, die Torte zum Einsatz kommen.

Die fünf Etagen der Hochzeitstorte

Klassisch sind fünf Etagen der Hochzeitstorte. Jede Etage symbolisiert einen Lebensabschnitt:

- Fünfte Etage: Tod
- Vierte Etage: Kindersegen
- Dritte Etage: Hochzeit
- Zweite Etage: Kommunion/Konfirmation
- Unterste, erste Etage: Geburt

Da Mandeln als Glücksbringer und auch der Fruchtbarkeit zuträglich sein sollen, sollte in der Hochzeitstorte Marzipan verarbeitet sein.

Jede Form, zum Beispiel auch eine Herzform, passt wunderbar als Torte. Häufig sind auf der obersten Etage oder in der Mitte der Torte Symbole für das Hochzeitspaar angebracht, wie zum Beispiel zwei Figuren.

Auch die Fotos der Vermählten lassen sich auf Zuckerplatten, die die Torte verzieren, darstellen.

Um der Torte eine gewisse Stabilität zu verleihen, ist sie oft mit Marzipan oder Zuckerguss ummantelt. Auf dieser Ummantelung lassen sich dann auch Symbole, Verzierungen und Figuren anbringen, ohne dass die Torte eingedrückt wird.

Achtung: Damit die Ehefrau sich in Zukunft nicht abplacken muss, darf sie an der Hochzeitstorte nicht selbst mitbacken.

Das Anschneiden der Hochzeitstorte

Das Brautpaar begibt sich zur Torte, um diese anzuschneiden. Dabei wird bei mehrstöckigen Torten mit der untersten Lage begonnen. Das erste Stück erhält das Brautpaar selbst und wird von beiden verzehrt.

Manchmal ‚füttern' sich die Brautleute gegenseitig, um zu zeigen, dass sie immer für einander sorgen wollen.

Nicht vergessen: Vor dem Anschneiden einen Kuss über der Torte austauschen! Dadurch soll reicher Kindersegen beschert werden. Bei diesen Bräuchen ist sehr häufig die Rede vom ‚reichen' Kindersegen, was gleichbedeutend ist mit ‚vielen' Kindern.

Heutzutage will nicht jedes Paar ‚viele' Kinder in die Welt setzen. Das bedeutet aber nicht, dass auf den Kuss verzichtet werden muss.

Natürlich gibt es auch etwas Drohendes: Das Brautpaar soll die Torte nicht direkt berühren oder gar umstoßen. Das würde – für alle sichtbar – den Verlust der Fruchtbarkeit ankündigen.

So, der Kuss ist ausgetauscht.

Bräutigam und Braut schneiden die Hochzeits-Torte als Symbol ihrer Verbundenheit jetzt gleichzeitig an. Dabei achten die Gäste genauestens darauf, wessen Hand obenauf liegt, sobald das Tortenmesser ergriffen ist. Das zeigt klar, wer später in der Beziehung das Sagen hat.

Nachdem das Brautpaar die ersten Stücke geschnitten hat, wird diese Arbeit einer beauftragten Person übergeben. Das Brautpaar hat wieder Zeit für andere Dinge.

Die oberste Etage

Manche Brautleute frieren – wenn das von den Zutaten möglich ist – die oberste Etage der Hochzeitstorte ein, um sie zu einem späteren Anlass, dem 1. Hochzeitstag oder der Geburt des ersten Kindes aufzubewahren und dann gemeinsam zu verzehren.

Die eingebackene Kaffeebohne

Wer wissen will, wer sich bald verlobt, beziehungsweise auf ewig ein Single bleiben wird, hat folgende nette Möglichkeit: In die Torte werden eine geröstete und eine ungeröstete Kaffeebohne eingebacken.

Wer das Glück hat, die geröstete Bohne in seinem Stück zu finden, wird sich bald verloben. Das gilt natürlich nicht für diejenigen, die schon verlobt oder gar verheiratet sind.

Wer Pech hat, findet die ungeröstete Bohne – und bleibt ledig. Der Hinweis auf ewiges Single-Dasein gilt dann natürlich nicht für Personen, die sich bereits in einer Partnerschaft befinden.

Groom's Cake

Analog zur Hochzeitstorte gibt es auch eine Torte für den Bräutigam – die Bräutigamstorte, auch ‚Groom's Cake' genannt. Sie stammt aus Groß-Britannien.

Die Bräutigamstorte stellt sozusagen das Geschenk der Braut an ihren neugebackenen Ehemann dar. Von der Aufmachung her sieht sie anders aus als die klassische Hochzeitstorte.

Ungewöhnliche Formen, gerne auch Bezug nehmend auf das Hobby des Mannes, sind gewünscht. So tauchen beispielsweise plötzlich Torten in Form von Fußballfeldern auf.

Manchmal nehmen die Gäste gerne ein Stückchen Kuchen mit nach Hause, auch als Give-away denkbar. Angeblich legt manche unverheiratete Frau das Kuchenstück über Nacht unters Bett, da es helfen soll, bald selbst heiraten zu können.

Entführung der Braut

Das Entführen der Braut (auch Brautraub) hat den Ursprung im vermeintlichen ‚Recht' des Landesherren und des Adels, die erste Nacht mit der Braut seiner Bauern und Untergebenen zu verbringen.

Dazu wurde die Braut von den Befehlsempfängern der Entführer aus der Hochzeitsfeier ‚entführt' – und entjungfert.

Daraus entwickelte sich das heute manchmal noch übliche Entführen der Braut. Dazu entführen ein paar Freunde des Brautpaars die Braut und bringen sie an einen Ort, der dem Bräutigam grundsätzlich bekannt sein sollte. Er soll ja die Chance haben, seine Braut zu finden.

Oft begeben sie sich in eine Gaststätte. Dort trinken die Gäste so lange, bis der Bräutigam sie findet (und auslöst).

Kritiker dieses Brauches sind der Meinung, dass damit die Hochzeitsfeier unterbrochen wird beziehungsweise die Gästeschar auseinandergerissen wird.

Das gilt besonders dann, wenn das Suchen der Braut viel zu lange dauert oder der Bräutigam das Versteck nicht auffinden kann.

Ebenso steigen das Risiko des erhöhten Alkoholkonsums und gleichzeitig das Bewegen im Straßenverkehr unter Alkoholeinwirkung. Also, liebe Brautleute: Einander nicht aus den Augen lassen!

Bräutigamversaufen

Tja, wenn die Braut entführt werden darf, dann gilt vermeintlich gleiches Recht für den Bräutigam. So gibt es in manchen Gegenden den Brauch, den Bräutigam am Tag <u>nach</u> der Hochzeit zu entführen.

Der ‚Gefangene' wird dann gefesselt zu einem Gewässer gebracht und dort von Junggesellen zum Ehemann getauft.

Die frisch vermählte Ehefrau kann ihren Mann aus der unangenehmen Situation retten, indem sie ordentlich zu Trinken spendiert – eine Art flüssiges Lösegeld.

Braut über die Schwelle tragen

Manchmal eine wirklich körperliche Anstrengung für den jung verheirateten Mann. Die Braut muss am ersten Tag oder Abend über die Wohnungstür-Schwelle beziehungsweise Haustürschwelle oder auch der Hochzeitssuite getragen werden.

Wieder einmal spielen die bösen Geister eine Rolle. Und zwar die, die unter der Türschwelle wohnen. Draußen leben die bösen Geister der feindlichen Außenwelt, die nachvollziehbarerweise gerne in die geschützte Innenwelt der Wohnung eindringen wollen.

Da die Braut getragen wird, können ihr die bösen Geister nichts anhaben – und sie können nicht ins Haus eindringen. Ausgetrickst! Weiterhin zeigt der Mann, dass er seine Frau (auch in Zukunft?) auf den Händen tragen will.

Endlich alleine zu zweit

Eine Nacht, die einmalig und auch lange in Erinnerung bleiben sollte. Allerdings sieht es oftmals so aus, dass die Brautleute aufgrund der hohen Strapazen des Tages, des genussreichen Essens und Trinkens, der Erlösung vom vor-hochzeitlichen Hochzeitsstress, einfach müde ins Bett fallen und nach kurzer Zeit in Schlaf versinken.

Obwohl in vielen Hotels die Honeymoon-Suite besonders für diese Nacht eingerichtet ist, kann sie meist nur im Ansatz voll genossen werden, es sei denn, das Brautpaar bleibt noch einen Tag beziehungsweise eine Nacht länger.

Damit das Brautpaar nach dem Zurückziehen ins Zimmer nicht von übermütigen Gästen gestört wird, bleibt die Zimmernummer manchmal ein gut gehütetes Geheimnis.

Früher hatte die Hochzeitsnacht allerdings einen viel größeren Stellenwert. Denn in dieser Nacht durften die beiden Brautleute zum allerersten Mal geschlechtlichen Verkehr miteinander haben. Erst dann galt die Hochzeit als solche auch tatsächlich vollzogen.

Eine Quitte für die Braut

Bei den ‚alten' Griechen musste die Braut vor der Hochzeitsnacht eine Quitte verzehren. Sie erhielt damit einen Vorgeschmack auf die Süße (Freuden) einerseits und die Bitterkeit (Leiden) andererseits des zukünftigen Lebens.

Scharfes im Bett

Schafft es die Jungvermählte, ihrem Ehemann scharfe Chili- oder Pfefferschoten unters Kopfkissen zu schmuggeln, kann sie auf lebenslange Treue des Ehemanns hoffen.

Morgensuppe

Überwiegend in ländlichen Gegenden wurde manchmal auch dem Hochzeitspaar am Morgen nach der Hochzeitsnacht eine einfache Morgensuppe im Ehebett serviert.

Diese mussten beide auslöffeln, um sich ihrer beiderseitigen Zufriedenheit in ihrer Ehe zu versichern.

Übrigens: Wenn Sie unterwegs eine Braut sehen, dürfen Sie sich etwas wünschen. Ihr Wunsch soll in Erfüllung gehen, soweit er vorab nicht verraten wird.

Von der Geburt bis zum Tod

„Die Geburt ist offenbar ein Schwerverbrechen,
denn sie wird mit dem Tod bestraft."
Voltaire (François-Maria Arouet), frz. Schriftsteller
(1694 - 1778)

Vom Kleinkind bis zur alten Frau

Zwei sind glücklich verheiratet. Nachwuchs kündigt sich an. Auch hier gibt es wieder eine Menge Regeln zu beachten, damit sich das Kind gut entwickeln kann und beschützt aufwächst.

Kneift oder zwickt jemand die werdende Mutter, wird das Kind viele Leberflecken haben.

So wird später auch angenommen, dass viele Leberflecken auf ein ‚lustiges', ausgiebiges Leben der Mutter rückschließen lassen.

Vermeiden Sie, als Schwangere unter einer aufgespannten Wäscheleine hindurchzugehen. Sie riskieren sonst – laut Aberglaube –, dass sich die Nabelschnur um das Ungeborene wickelt.

Bevor das Kind geboren ist, soll die Wiege nicht geschaukelt werden. Andernfalls wird das Kind später viel weinen. In anderen Gegenden wird sogar angenommen, dass das Kind später sterben wird.

Das Neugeborene

Binden Sie dem Neugeborenen ein rotes Bändchen um das rechte Handgelenk. Dann kann es von niemandem böse ‚beschrien' werden.

Steigen Sie über das Kleinkind hinweg, kann es sein, dass es nicht mehr so gut wächst, wie vorgesehen.

In den ersten Lebensmonaten sollte ein Kind nicht in den Keller mitgenommen werden. Als Erwachsener riskiert es sonst eine unschöne Gefängnisstrafe.

Und schon gar nicht das Kleinkind mit auf den Friedhof nehmen – es muss sonst früh sterben.

Lassen Sie die Haare des Kleinkindes im ersten Lebensjahr wachsen. Schneiden Sie seine Haare, schneiden Sie gleichzeitig den Verstand mit ab.

In manchen Gegenden Deutschlands sollte das erste Badewasser des Kindes nicht bei Sonnenschein ausgegossen werden. Das Kind bekäme sonst viele Sommersprossen.

In anderen Gegenden wiederum sollte das Kleinkind keinem Regen ausgesetzt werden, auch wegen später auftretender Sommersprossen.

Kinder zum Fenster rein- oder rausreichen macht sie zum Dieb oder es wird kleinwüchsig.

Wird das Kleinkind gekitzelt, um es zum Lachen zu bringen beispielsweise, kann es sein, dass sich später stottern wird.

Drohungen

„Wenn du zu viel Cola trinkst, bekommst du schwarze Füße.“

„Wenn du zu viel Fernsehen schaust, kriegst du eckige Augen.“

Es ist anzunehmen, dass die drohenden Eltern sehr gut wissen, dass die Behauptungen nicht stimmen. Ist das der richtige Weg, einem Kind beizubringen, weniger Cola zu trinken oder weniger fern zu schauen?

Vornamen – Nomen est omen

Trägt das Neugeborene den Vornamen eines Verstorbenen, besteht die Chance, diesen wiederzutreffen. Ist ein Kind verstorben, soll ein neugeborenes Geschwisterchen nicht denselben Namen tragen. Es würde dem Verstorbenen bald folgen.

Viele Elternpaare wählen heutzutage einen Namen aus, der in Fremdsprachen genauso verstanden werden kann. Außerdem wird oft darauf geachtet, dass der Vorname eine gewisse Seriosität ausstrahlt oder positiv angesehen ist.

> Übrigens: Viele werdende Eltern verraten anderen nicht den geplanten Namen des ungeborenen Kindes. Hier würde wieder etwas beschrien; das muss nicht sein. Fragen Sie demnach die werdenden Eltern nicht nach dem ausgesuchten Kindernamen.

Viele Vornamen haben eine Bedeutung. Hier einige Beispiele:

Aaron	Der Erleuchtete	Felix, Felicitas	Der Glückliche, die Glückliche
Alexander	Der Beschützer	Florian	Der Blühende
Andreas	Der Tapfere	Hannah	Die Liebreizende
Angela	Der Engel	Ines	Die Reine
Anna	Die Begnadete, die Anmutige	Johanna	Die Gottbegnadete
Beatrix	Die Glückbringende	Jonas	Das friedvolle Wesen
Bella	Die Schöne	Julia	Die Fröhliche, die Glänzende
Benjamin	Das Glückskind	Katharina	Die Aufrichtige, die Reine
Dorothea	Das Geschenk Gottes	Valentin	Der Kräftige

Alles Gute zum Geburtstag

Ach wie schön, ein Geburtstag steht an. Gibt es hier Aberglaube-Regeln, die zu beachten sind? Ja!

Zuerst einmal darf dem Geburtstagskind keinesfalls <u>vor</u> dem Geburtstag gratuliert werden. Das darf erst am Geburtstag selbst passieren oder, falls der Ehrentag vergessen wurde, auch kurzfristig später. Aber eben nicht vorher.

Hintergrund: Den Tag nicht vor dem Abend loben.

29. Februar

Wer in einem Schaltjahr am 29. Februar geboren wurde, hat die nächsten drei Jahre kein Datum, das dem Tag seiner Geburt entspricht.

Deshalb kann er am 28. Februar feiern, da sein Geburtstag in den Februar fällt.

Mögliche Formulare werden gegebenenfalls auf den 1. März datiert.

Lebenskerzen

Kleine, angezündete Kerzen, sogenannte Lebenskerzen (eine pro Lebensjahr oder bei älteren Menschen auch eine pro zehn Jahre) schmücken die Geburtstagstorte. Nun darf das Geburtstagskind die Kerzen auspusten.

Hier gibt es zwei Varianten: Entweder müssen alle Kerzen ausgehen. Ist eine Kerze oder sind mehrere Kerzen nicht erloschen, bringt das Unglück.

Die andere Variante: Eine Kerze muss auf jeden Fall brennen bleiben, damit das Leben noch lange anhält.

Herzliche Glückwünsche zum Geburtstag

Wird der Geburtstags-Glückwunsch zu früh ausgesprochen, werden die bösen Geister hellhörig und aufmerksam. Sie nutzen die Chance, die Glückwünsche nicht wirken zu lassen.

Sollten Sie irrtümlicherweise zu früh gratuliert haben, heben Sie das Missgeschick durch ein dreimaliges Klopfen auf Holz wieder auf.

Bei Unwissenheit schadet es nicht nachzufragen:

„Sie haben heute Geburtstag?"

„Ja."

„Dann gratuliere ich …"

> Übrigens: Der persönlich ausgesprochene Geburtstagswunsch soll bis mittags 12:00 Uhr erfolgt sein. Danach übermittelte Geburtstagswünsche wirken nicht mehr oder nicht mehr so stark.

Generell sollte auch zu anderen Ereignissen nicht vorab gratuliert werden. Beispielsweise zu einer Fahrprüfung oder einem Aufnahmetest.

Sie riskieren, dass die Prüfung beziehungsweise der Test nicht bestanden wird.

Die alte Dame

Ein Bekannter, der vor mehreren Jahren einen kleinen Supermarkt be-
saß, erzählte einmal:

„Der erste Kunde an der Kasse entscheidet, wie der Tag laufen wird, wie
viel Umsatz erzielt wird. Kauft der Kunde nur ein Teil, wird es einen ma-
geren Umsatz geben."

Er hatte regelrecht Panik, wenn aus der Nachbarschaft eine ältere Kundin
morgens den Laden betrat. Sie kaufte üblicherweise nur eine Tageszeitung.

Der Bekannte sah das als böses Omen an, kam diese Kundin – als erste
– an die Kasse. Deshalb versuchte er sie einen Moment hinzuhalten, sodass sie ein weiterer Kunde überholen konnte. War noch kein anderer
Kunde im Laden, schenkte er der Frau auch mal die Tageszeitung.

Für den Getränkehändler ist es auch ein schlechtes Zeichen, wenn der
erste Kunde ausschließlich Leergut einlöst. Der Tagesumsatz droht
schwach zu werden.

Die alte Theaterbesucherin und die erste Reihe

Wird der Zuschauerraum im Theater zu allererst von einer alten Frau
betreten, bringt das – nach Aberglaube der Theaterleute – Unglück für
die Vorstellung.

Genauso verhält es sich, sollte der erste Zuschauer, der den Zuschauerraum betritt, ganz vorn in der ersten Reihe Platz nehmen.

Kaum auszumalen, wenn dieser Zuschauer in der ersten Reihe auch noch
eine alte Dame ist …

Der Tod hält Einzug

Der Tod bedeutet die Trennung von Leib und Seele.

Ist jemand verstorben, wird der Wandspiegel verhängt. Wenn die Seele des Verstorbenen den Raum verlässt, soll sie sich nicht im Spiegel sehen. Sie könnte sich sonst erschrecken. Andere meinen, dass ein nicht verhängter Spiegel einen neuen Todesfall herausfordert.

Vergessen Sie nicht, das Fenster des Sterbezimmers deswegen auch zu öffnen, damit die Seele durch das offene Fenster ihren Weg hinausfindet.

Vermeiden Sie es, Türen zuzuschlagen; das tut der noch nicht entwichenen Seele weh.

So wird auch empfohlen, das Licht einzuschalten, um mögliche Geister zu vertreiben.

> Übrigens: Die Katze, die die Wohnung oder das Haus einer kranken Person verlässt, kündigt deren Tod an.

Der Tod kennt keine Zeit

Wenn das Pendel der Uhr stehenbleibt, obwohl sie aufgezogen war, stirbt jemand, den Sie gut kannten.

Andererseits: Ist jemand gestorben, wird die Uhr angehalten. Da der Tod keine Zeit kennt, spielt die Uhrzeit für ihn keine Rolle mehr. Abgesehen davon wird dann die Todesstunde festgehalten.

Die Uhr wird auch angehalten, weil das regelmäßige Ticken der Uhr dem Herzschlag eines Menschen entspricht. Da dieser nun verstorben ist, ist sein Herzschlag nicht mehr wahrzunehmen.

Der Ehering wird dem Verstorbenen vom Finger abgenommen. Ansonsten wird der Partner innerhalb eines Jahres ins Grab folgen.

Früher wurde dem Verstorbenen eine Münze mitgegeben oder auf das geschlossene Auge gelegt. Mit diesem Geld konnte der Fährmann bezahlt werden, der den Verstorbenen jetzt in die Welt der Toten übersetzte.

Die im Sarg aufgebahrte menschliche Hülle zeigt mit der Herzseite zum Eingang des Raums.

Wird der Verstorbene aus dem Haus getragen, immer so, dass die Füße voranzeigen. Das soll verhindern, dass der Verstorbene wiederkommt.

Wenn jemandem bei der Beerdigung unabsichlich etwas ins offene Grab fällt, steigt die Wahrscheinlichkeit, dass er bald sterben wird.

Lassen Sie beim Leichenschmaus einen Platz für den Verstorbenen frei. Das Gedeck wird ihm ebenso eingedeckt.

Interessanterweise wird das Versterben beziehungsweise der Tod manchmal umschrieben. Beispielsweise mit:

- „Er hat den Tod gefunden."
- „Er hat seine letzte Reise angetreten."
- „Er ist den Weg allen Fleisches gegangen."

Dass sich nur Mutige in ihrer Freizeit auf den Friedhof wagen, ist bekannt. Speziell nachts, rund um Mitternacht, treiben sich die Geister herum. Es spukt.

Auch die Mittagszeit um 12:00 Uhr gilt für einen Spaziergang auf dem Friedhof als kritisch.

Übrigens: Wer an Karfreitag stirbt, wird selig.

Der fröhliche Tag der Toten

Der fröhliche Tag der Toten, ‚Día de los muertos', findet in Mexiko zu Ehren der Verstorbenen zwischen dem 31. Oktober dem 2. November statt.

Städte werden geschmückt mit Skeletten, hergestellt aus Gips, Zucker oder Pappmaschee. Überall auf der Straße, in den Läden, in den Schaufenstern befinden sich Symbole des Todes wieder, solche wie Schädel, Skelette und Särge, hergestellt aus Marzipan, Zucker oder Schokolade.

Dazu gehören auch das aus Süßigkeiten hergestellte Totenbrot und Süßigkeiten in Knochenform oder in Form von Tränen.

In den Wohnungen werden farbenprächtige Gabentische, Totenaltäre aufgebaut.

Die Toten, die das ganze Jahr über unterwegs waren, kehren nach einer langen Reise zurück, wo sie sich erst einmal stärken sollen. Danach können sie mit den Lebenden feiern.

Auf dem Opfertisch finden sich Gaben der vier Elemente der Natur:

Element:	
Erde	Früchte, um die Verstorbenen zu verwöhnen.
Wind	Scherenschnittbilder aus Seidenpapier.
Wasser	Ein gefülltes Glas Wasser gegen den Durst.
Feuer	Aufgestellte Kerzen oder Grablichter.

Ist der Verstorbene als Kind ins Jenseits übergetreten, wird er als ‚Angelito', als ‚Engelchen' bezeichnet.

Diese kommen zwischen dem 31. Oktober und dem 1. November, die verstorbenen Erwachsenen vom 1. bis zum 2. November zu Besuch.

Dieses Brauchtum ist für viele Menschen der hiesigen Kultur ungewöhnlich, feiern die Lebenden glücklich und ausgelassen mit den Verstorbenen, die dadurch in guter Erinnerung gehalten werden.

Spiritismus

Mancher glaubt, mit Verstorbenen in Kontakt treten zu können. Dazu benötigt er ein fähiges Medium, das den Kontakt herstellen kann. Es wird von Totenbeschwörung gesprochen.

Spiritismus (lat. ‚spiritus' gleich ‚Geist') ist die Beschwörung von Geistern oder aber die Kontaktaufnehme mit Verstorbenen.

Der Begriff Jenseitskontakt gehört hierzu.

Epilog

Epilog – Zum Ausklang

Unglück abwehren

„Das Unglück gebiert nur Zwillinge.“
Christian Friedrich Hebbel, dt. Dramatiker
(1813 - 1863)

„Ein Unglück kommt selten allein"

Liebe Leserin, lieber Leser, Sie haben nun eine ganze Menge Informationen zum Thema Aberglaube lesen können.

Sie konnten Ihr bereits bestehendes Wissen zu diesem Themenbereich ergänzen und abgleichen. Wenn Sie versuchen, alles einmal ‚nüchtern‘ zu betrachten, können Sie erkennen, dass der Mensch von bösen Geistern und damit verbundenen Gefahren regelrecht umzingelt ist.

Sie konnten bereits einiges über Verhaltensweisen erfahren, die Sie möglichst vermeiden sollen, damit böse Wesen nicht aktiv werden. Deshalb soll am Ende hier der Hinweis nicht fehlen, wie denn Unglück abgewehrt werden kann.

Im vorliegenden Text wurden mehrere Tricks erwähnt, wie der Spruch „toi, toi, toi", das dreimalige Klopfen auf Holz, das nochmalige Überwinden einer Stolperfalle, der Einsatz von Glücksbringern und Amuletten, gegebenenfalls Weihrauch abbrennen lassen und vieles andere mehr.

Zu erwähnen sei hier noch, dass Sie, wenn das Unglück bereits unwiderruflich droht, sich in ein Bad mit heißem Wasser setzen können, in das Sie etwas Salz geben.

Dadurch sollen anstehende beziehungsweise drohende Ereignisse vermieden werden. Speziell natürlich dann, wenn ein Missgeschick mit dem Salzstreuer passierte.

Eine ganz geniale Idee ist allerdings auch, ganz einfach den aktuellen Ort zu verlassen. Begeben Sie sich in ein anderes Zimmer, eine andere Stadt oder reisen Sie in ein anderes Land.

Dann kann Sie das Unglück nicht einholen. Nach angemessener Zeit kehren Sie zurück und alles ist so wie vor dem heraufbeschwörten Unglücksszenario.

Vergessen Sie nicht, dass Sie sehr wahrscheinlich auch einen Schutzengel haben. Der wird Ihnen schon helfen und viel Unglück von Ihnen fernhalten.

Es liegt in Ihren Händen, glücklich durchs Leben zu schreiten und viel Erfolg zu genießen.

„Toi, toi, toi!"

Übrigens: Ein Unglück kommt bekannterweise selten allein.

Stichwortverzeichnis

Knigge als Synonym und als Namensgeber

Umgang mit Menschen

„Suche weniger selbst zu glänzen,
als andern Gelegenheit zu geben,
sich von vorteilhaften Seiten zu zeigen,
wenn Du gelobt werden und gefallen willst"
Adolph Freiherr Knigge, aus dem Buch „Über den Umgang mit Menschen", 1788
(1752 - 1796)

Adolph Freiherr Knigge

Schon zu seinen Lebzeiten war Adolph Freiherr Knigge (1752 – 1796) umstritten. Knigge setzte sich durch sein energisches Eintreten für die Ziele der Aufklärung, so wie er sie verstand, scharfen Angriffen aus.

Er arbeitete als Romanschriftsteller und Satiriker, sowie als politischer Schriftsteller. Er gehörte den Freimaurern an.

Heute ist Knigge vor allem seines Buches wegen ‚Über den Umgang mit Menschen' (1788) bekannt. Und zwar deswegen, weil sein Werk als Etikette-Buch angesehen wird.

Knigge verdankt seinen heutigen Ruf und Erfolg aber einem Missverständnis. Denn: Das Werk Adolph Freiherr Knigges gilt als Etikette-Buch ersten Rangs. Allerdings beschreibt Knigge keine Regeln wie mit Besteck umzugehen ist, oder das Verhalten bei Tisch, stattdessen offenbart er eine praktische Lebensphilosophie im Umgang mit Mitmenschen.

Er gibt Anleitungen und Anregungen, wie mit seinen Mitmenschen richtig umzugehen ist. Knigge hoffte damit, dass die Menschen glücklich und froh miteinander leben könnten.

Sein Buch erschien 1788 und war schon kurze Zeit in fast allen Haushalten zu finden. Über 200 Jahre lang prägte sich sein Buch im Bewusstsein der Leser als praktisches Handbuch über gutes Benehmen ein.

In drei Teilen seines Buches hat Knigge über den Umgang mit verschiedenen Menschengruppen geschrieben, zum Beispiel:

Über den Umgang mit Leuten von verschiedenen Gemütsarten, Temperamenten und Stimmungen des Geistes und des Herzens (Erster Teil, 3. Kapitel)

- Über den Umgang mit Frauenzimmern (Zweiter Teil, 5. Kapitel)

- Über das Verhältnis zwischen Wohltätern und denen, welche Wohltaten empfangen; wie auch unter Lehrern und Schülern, Gläubigern und Schuldnern (Zweiter Teil, 10. Kapitel)

- Über den Umgang mit den Großen der Erde, mit Fürsten, Vornehmen und Reichen (Dritter Teil, 1. Kapitel)

Knigge war bestimmt daran gelegen, dass Menschen trotz den Folgen möglichen Aberglaubens zufrieden leben konnten.

Obwohl es heute klar ist, dass Knigge anderes verfolgte, als wir unter seinem Namen verstehen, soll ‚Knigge' als Synonym für den Bereich stehen, dem sich das vorliegende Buch widmet.

12 Ratgeber in der kleinen Knigge-Reihe

Der kleine ... -Knigge [2100]

Anstands- und Banausen-...
Business- und Kunden-...
Büro- und Kollegen-...
Gäste- und Gastgeber-...
Gesellschafts- und Freunde-...
Outfit- und Stil-...
Interkulturelle- und
Auslands-...
Bewerbungs- und
Vorstellungs-...
Event- und Feste-...
Gastro- und Tischsitten-...
Speisen- und Exoten-...
Trinkkultur- und Getränke-...

Je 88 Seiten

Das kleine Handbuch der Rhetorik [2100]

Erfolgreich reden „Die Kunst, flott vorzu-tragen"
Körpersprache einsetzen „Mit Händen und Füßen sprechen"
Gezielt trainieren „Ich will endlich erfolg-reich präsentieren!"
Nervosität austricksen „Mir zittern die Knie"
Begeistert überzeugen „Das rhetorische Feuer entfachen"
Unterschwellig manipulieren „Ich kriege dich schon!"
Wahrnehmung verzerren „Ich glaub' nur, was ich sehe."
Einwände entkräften „Das ist doch gar nicht machbar! – Oder doch?"
Gespräche führen „Zielorientierte und zeitsparende Gesprächslenkung"
Meetings leiten „Besprechungen erfolgreich führen"
Geschicktes Nudging „Das versteckte Anschubsen"
Interviews führen „Darf ich Sie mal fragen?"
Je 100 Seiten

Das Märchen der ...

professionellen Argumentation
harmlosen Fragen
sauberen Wahrheit
vertrauenswürdigen Fairness

... in der Rhetorik [2100]
je 100 Seiten

4 Ratgeber in der Ego-Management-Reihe

Persönlichkeits-Management – Ego-Knigge [2100] Soft Skills, Selbst-Reflexion und Selbst-Bewusstsein

Stress-Management – Ego-Knigge [2100] Lampenfieber, Stressoren, Gerüchte, Mobbing, Burnout, Stressvermeidung

Zeit-Management – Ego-Knigge [2100] Umgang mit der Zeit, Organisation von Arbeitsabläufen, Perfektionismus, Zielsetzung

Gedächtnis-Management – Ego-Knigge [2100] Gehirn, Intelligenz, Schwachsinn – Hochbegabung, Gedächtnis, Lerntechniken.

Jeder Ratgeber 104 Seiten, A5, kartoniert

4 Ratgeber der Reihe Lebenseinstellung

Aberglauben-Knigge [2100] Von schwarzen Katzen, der linken Hand des Teufels und den Glücksbringern
Lügen- und Egoismus-Knigge [2100] Überleben durch Flunkern, Schummeln und Täuschen! Macht, Respekt, Wertschätzung? Lebenslüge und Lebensschutz
Glücks-Knigge [2100] Vom Glücklichsein, positiven Denken und von Freundschaften
Angst- und Optimismus-Knigge [2100] Die Furcht beherrschen, Ängste nutzen und positiv durchs Leben gehen.

Jeder Ratgeber 216 Seiten, A5, kartoniert

3 Ratgeber Bräutigam, Braut und Brautpaar

Bräutigam-Knigge [2100] Verlobung und Polterabend, Schwiegereltern und das Ja-Wort, Hochzeits-Outfit und Hochzeits-Kutsche

Braut-Knigge [2100] Brautkleid und Accessoires, Das große Hochzeitsfest, Höhepunkte und Hochzeitstanz

Brautpaar-Knigge [2100] Historisches und Sonderbares, Planung und Organisation, Aberglaube und Hochzeitsbräuche.

Jeder Ratgeber 104 Seiten, A5, kartoniert

3 Ratgeber Selbst-Coaching

Selbstbewusstsein Knigge [2100] Ich bin, ich kann, ich will. Das eigene Leben bestimmen, Soft Skills, The Winner 1.

Selbstwertgefühl Knigge [2100] Steh auf! Werde aktiv! Zeige Profil! Das eigene Leben beeinflussen, Motivation, The Winner 2.

Selbstoptimierung Knigge [2100] Optimistischer, attraktiver, authentischer. Das eigene Leben gestalten, Ansprüche, The Winner 3.

Jeder Ratgeber 120 Seiten, A5, kartoniert

Leben und Lifestyle

Adam allein auf der Welt Knigge [2100] Ein Buch mit Bildern vom ersten Menschen, seinen Gedanken und seiner Körpersprache, 104 Seiten, A5, ca. 155 Fotos

Jugend-Knigge [2100] Knigge für junge Leute und Berufseinsteiger, 152 Seiten

Alters-Knigge [2100] Abgehängt und abgeschoben? Altersdiskriminierung? Akzeptanz des Älterwerdens!, 152 Seiten

Zukunfts-Knigge [2100] Verfall der Sitten und Verlust der Wertschätzung? Umgangsformen in 100 Jahren. Zusammenleben mit Menschen, Maschinen und menschenähnlichen Robotern, 172 Seiten A5 kartoniert

KI-Knigge [2100] Leben mit der Künstlichen Intelligenz! Veränderungen im realen Umgang?, 196 Seiten A5 kartoniert

Wertschätzung-Knigge [2100] Gleichberechtigung, Gender und Respekt, Sexuelle Orientierung, Umgang bei Diskriminierung und Mobbing, 152 Seiten A5

Hochzeits-Knigge [2100] Hochzeitsbräuche, Geschenke, Brautjungfer, Trauung, Festgäste und Festmahl, 310 Seiten A5

Ü65- und Senioren-Knigge [2100] Die junge Alten und die alten Jungen, Kommunikation und Verständnis zwischen den Generationen, 180 Seiten A5

Blumen-Knigge [2100] Historisches, Mystisches, Festliches, Blumensprache, Umgang mit Blumen-Präsenten, 144 Seiten A5

Bekleidung! Ausdruck der Persönlichkeit – Lukas' Outfit-Knigge [2100], 196 Seiten A5

Nudel-Knigge [2100] Himmlische Teigwaren, 140 Seiten A5

Der Interkulturelle Kompetenz-Knigge [2100] Kultur, Kompetenz, Eindrücke – Gesten, Rituale, Zeitempfinden – Berichte, Tipps, Erlebnisse, 240 Seiten A5

China-Deutschland-Knigge [2100] Chinesen in Deutschland, 104 Seiten A5

Dschungel-Knigge [2100] Umgang in ungewohnter Umgebung, 192 Seiten A5

Von allen guten Geistern verlassen-Knigge [2100], 132 Seiten A5

Der Dicke-Knigge [2100] Aus dem prallen Leben des Dicken, 104 Seiten A5

Typisch Frau – Typisch Mann Knigge [2100] Unterschiede und Gemeinsamkeiten im Umgang mit dem anderen Geschlecht, 128 Seiten A5

Kulinarischer und Gastronomischer Knigge [2100] 284 Seiten A5

Klo- und Pinkel-Knigge [2100] Vom privaten und öffentlichen Bedürfnis - Umgangsformen im Tabu-Bereich, 104 Seiten A5

Alles hat seine Zeit-Knigge [2100] Umgang mit der Zeit, 294 Seite A5

Omi hüpf' mal Märchen meiner Großmutter, Erlebnisse ihre Jugend und wahre Geschichten meines Vaters von und über Omi Rickchen, Hardcover, 312 Seiten

Der Hunde-Knigge [2100] Umgang mit dem Hund – Hundesprache – Der Hund in der Gesellschaft, 180 Seiten A5

Welcome to Germany-Knigge [2100] Umgangsformen, Verhaltensmuster und gesellschaftliches Miteinander im deutschsprachigen Europa, 108 Seiten A5

Besuch willkommen Knigge [2100] Einladung, Gast, Geschenk, Empfang, Feier, Gastfreundschaft, 200 Seiten A5

Leben, Tod und Ansichten Austausch mit Berühmtheiten über Wichtiges und Unwichtiges im Leben, 116 Seiten A5

Last List Leid [2100] Verlogene Welt?, 160 Seiten A5

Mensch Macht Mörder [2100] Verfall der Umgangsformen?, 260 Seiten A5

Tod, Trauer, Totenkult-Knigge [2100] Sterben, Trost, Takt, Bestatten, Tradition, Vorsorge, Tabus, Vergänglichkeit und Sonderbares, 212 Seiten A5

Corona-Knigge [2100] Umgang mit dem Virus, 88 Seiten 12x19, kartoniert

Das kleine Knigge-Quiz [2100] 96 Seiten, 12x19 cm, kartoniert

Leben und Lifestyle

Rhetorik, Soft Skills, Hochschule, Beruf

Rhetorik ist Silber Von den ersten Schritten zu einer perfekten Präsentation, 336 Seiten A5, kartoniert, Zeichnungen

Moderation ist Gold Gesprächsführung, Umfragen, Talkrunden und Manipulation, 274 Seiten A5, kartoniert, Zeichnungen

Lebhafte Körpersprache in Vorträgen, Präsentationen, Gesprächen, 218 Seiten A5, kartoniert, ca. 290 Zeichnungen

Rhetoric – Mastering the Art of Persuasion, 222 Seiten A5, kartoniert

Discussion – Mastering the Skills of Moderation, 192 Seiten A5, kartoniert

Body Language in Europe, 196 Seiten A5, kartoniert, ca. 290 Zeichnungen

Das große Buch der Kommunikation und der Gesprächsführung [2100], 460 Seiten A5, kartoniert, Zeichnungen

Das große Buch der Rhetorik [2100] Tacheles reden; Präsentieren; manipulieren und überzeugen, 452 Seiten A5, kartoniert, viele Darstellungen

Trickreiche Rhetorik [2100] Psychologische Gesprächsführung, manipulierende Darstellung, unaufdringliches Nudging, 448 Seiten A5, kartoniert, Zeichnungen

Körpersprache [2100] **– Lüge, Verrat, Macht,** Im Beruf, vor Gericht, beim Flirt – Gewinnerpose und Demutshaltung; 440 Seiten A5, kartoniert, über 400 Zeichnungen

Soft Skills-Knigge [2100] Soziale, Persönlichkeit, Selbstmanagement, 480 Seiten A5, kartoniert, viele Darstellungen

Schlagfertigkeit-, Spontaneität-, Stegreif-Knigge [2100] Impulsiv handeln, verbale Angriffe kontern, Störungen entwaffnen, 104 Seiten A5

Pitch Skills und Überzeugungs-Knigge [2100] Elevator Pitch, Geldgeber beeindrucken, Feuer versprühen, 128 Seiten A5, kartoniert

Smalltalk-Knigge [2100] Vom kleinen Gespräch bis zum charmanten Flirt - Kontakt ausbauen, Sympathie zeigen, Begehrlichkeit wecken, 100 Seiten A5

Quassel-Knigge [2100] Quasseln, Quatschen, Quengeln oder Lebenswichtige Kommunikation – Gezielt eingesetzte Rhetorik – Aussagekräftiges Profil zeigen, 112 Seiten A5

Die moderne Führungskraft [2100] **Online und Präsenz,** Handbuch für souveräne Vorgesetzte und solche, die es werden wollen, 252 Seiten A5, kartoniert, Zeichnungen

Emotionale Rhetorik im Leben und rund um den Tod [2100] Vielfältige Kommunikation – Fiktiver Interview-Austausch mit Berühmtheiten, 260 Seiten A5

Innere Rhetorik [2100] Zielführende Kommunikation mit sich selbst, 140 Seiten A5

Kriegerische Rhetorik [2100] Sensible Diplomatie, einfühlsame Empathie, 156 Seiten A5

Blumige Rhetorik [2100] Zielführende Kommunikation mit sich selbst, 140 Seiten A5

Alles hat seine Zeit – Knigge [2100] Umgang mit der Zeit, 294 Seiten A5

Hochschul-Knigge [2100] Studentischer Umgang, 132 Seiten A5, kartoniert, Fotos

Jugend-Karriere-Knigge [2100] 224 Seiten A5, kartoniert, Zeichnungen, Checklisten

Bewerbungs-Knigge [2100] **für Frauen – Tina bewirbt sich / Bewerbungs-Knigge** [2100] **für Männer – Tom bewirbt sich,** Vorbereitung, Wahl der Kleidung, Verhalten beim Bewerbungsgespräch, je 128 Seiten A5, kartoniert, Fotos, Checklisten

Online-Bewerbungsgespräche-Knigge [2100] **Vorstellungsgespräche auf Distanz – Tina und Tom bewerben sich digital,** 128 Seiten A5, kartoniert, Zeichnungen

Kreativitäts-Knigge [2100], Visionärhaft denken, Scheuklappen sprengen, Mentales Risiko eingehen, 164 Seiten A5, kartoniert

Team und Typ-Knigge [2100], Ich und Wir, Typen und Charaktere, Team-Entwicklung, 128 Seiten A5, kartoniert, viele Darstellungen

Die flotte Generation Y im 21. Jahrhundert, selbstbewusst – lebensbetonend – flexibel, 116 Seiten A5, kartoniert, Zeichnungen

Die flotte Generation Z im 21. Jahrhundert, entscheidungsfreudig – effizient – eigenverantwortlich, 140 Seiten A5, kartoniert, Zeichnungen

Tele-Meeting [2100], Digitale Konferenz, Online-Unterricht, Homeoffice, 104 Seiten A5, kartoniert

Rhetorik, Soft Skills, Hochschule, Beruf

Englisch:

  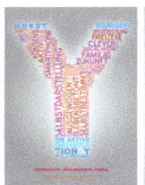  

Beratung, Coaching, Seminar

Wer hat nicht gerne mit Menschen zu tun, die selbstbewusst und selbstsicher mit anderen Menschen umgehen?

Geschäftspartnern, die die elementaren Regeln des ‚Benimms' beherrschen, stehen die Türen zum Erfolg offen.

Unternehmen, die neben ihrer fachlichen Leistung auch ‚menschlich' überzeugen wollen, bieten wir für ihre Mitarbeiterinnen und Mitarbeiter aktives Training im Umgang mit Kunden, Gästen, Kollegen und Gesprächspartnern an.

Auf unserer Website informieren wir Sie über unsere Angebote:

- Firmen-Internes-Training
→ Business-Etikette und das Lehrmenü
→ Präsentieren, Moderieren, Kommunizieren
→ Körpersprache und ihre Geheimnisse
→ Teuflische Rhetorik und das Erkennen manipulativer Aspekte
→ Flottes Reden vor und zu anderen
→ Der erste entscheidende Eindruck
- Interkulturelles Training
→ Umgang mit Menschen anderer Kulturen

- Intensiv-Training für
→ TV-Auftritte
→ Vorträge
→ Präsentationen
→ Reden
- Fachliteratur und journalistische Beiträge
- Vorträge/Speaker
→ Vor kleinem und vor großem Publikum
- Workshops
→ Soft Skills
→ Team-Training

Individuelles Coaching für Einzelpersonen: Wer es ganz individuell mag, greift zurück auf ein Einzel-Coaching, auch als Online-Coaching. Hier werden ganz persönliche Herausforderungen angegangen, mit Themen wie:

→ Erscheinungsbild – Der Erste Eindruck
→ Selbstsicheres und authentisches Auftreten
→ Persönlichkeitsentfaltung
→ Bewerbungstraining
→ Rhetorik und Überzeugungskraft

→ Erfolgreiche Verhandlungsführung
→ Kommunikation und Konfliktbewältigung
→ Präsentations-Techniken und Moderation
→ Interkulturelle Kompetenz

und andere Themen – direkt auf die besonderen Bedürfnisse des Einzelnen zugeschnitten. Besuchen Sie uns auf www.knigge-seminare.de